Mrs B Karthika BE,ME,(Ph.D)

INFORMATIQUE EN NUAGE

Mrs B Karthika BE,ME,(Ph.D)

INFORMATIQUE EN NUAGE

Chapitre de livre sur le concept de l'informatique en nuage

ScienciaScripts

Imprint

Any brand names and product names mentioned in this book are subject to trademark, brand or patent protection and are trademarks or registered trademarks of their respective holders. The use of brand names, product names, common names, trade names, product descriptions etc. even without a particular marking in this work is in no way to be construed to mean that such names may be regarded as unrestricted in respect of trademark and brand protection legislation and could thus be used by anyone.

Cover image: www.ingimage.com

This book is a translation from the original published under ISBN 978-620-4-18423-4.

Publisher:
Sciencia Scripts
is a trademark of
Dodo Books Indian Ocean Ltd., member of the OmniScriptum S.R.L Publishing group
str. A.Russo 15, of. 61, Chisinau-2068, Republic of Moldova Europe
Printed at: see last page
ISBN: 978-620-4-04662-4

INFORMATIQUE EN NUAGE

BOOK Chapitre sur le concept de l'informatique en nuage.

Mme B.Karthika B.E, M.E, Ph.D.,
professeur adjoint
Département de technologie de l'informationPSNA
College of Engineering and TechnologyDindigul
District-624622.
Tamil Nadu, Inde.

UNITÉ 1

INTRODUCTION

- Informatique centralisée : il s'agit d'un paradigme informatique où toutes les ressources informatiques sont centralisées dans un seul système physique. Toutes les ressources (processeurs, mémoire et stockage) sont entièrement partagées et sont étroitement couplées à un système d'exploitation intégré. De nombreux centres de données et superordinateurs sont des systèmes centralisés, mais ils sont également utilisés pour des applications d'informatique parallèle, distribuée et en nuage.

- Le calcul parallèle : Dans le calcul parallèle, tous les processeurs sont soit étroitement couplés à une mémoire partagée centralisée, soit faiblement couplés à une mémoire distribuée. Certains auteurs qualifient cette discipline de traitement parallèle. La communication entre les processeurs se fait par le biais de la mémoire partagée ou du passage de messages. Un système informatique capable d'effectuer des traitements parallèles est communément appelé "ordinateur parallèle". Les programmes qui s'exécutent sur un ordinateur parallèle sont appelés programmes parallèles. Le processus d'écriture de programmes parallèles est souvent appelé "programmation parallèle".

- Informatique **distribuée** : domaine de l'informatique/de l'ingénierie qui traite des systèmes distribués. Un système distribué est constitué de plusieurs ordinateurs autonomes, disposant chacun de sa propre mémoire et communiquant entre eux via un réseau informatique. L'échange d'informations dans un système distribué se fait par la transmission de messages. Un programme informatique exécuté dans un système distribué est appelé programme distribué. Le processus d'écriture de programmes distribués est appelé programmation distribuée.

- **Informatique en nuage** : un nuage de ressources sur Internet peut être un système informatique centralisé ou distribué. Le nuage applique le calcul parallèle ou distribué, ou les deux. Les nuages peuvent être constitués de ressources physiques ou virtualisées dans de grands centres de données centralisés ou distribués. Certains auteurs considèrent le cloud computing comme une forme d'informatique utilitaire ou d'informatique de service.

- **L'informatique omniprésente consiste à** utiliser des dispositifs omniprésents en tout lieu et à tout moment.
via une communication câblée ou sans fil.

- **L'internet des objets (IoT)** est une connexion en réseau d'objets du quotidien tels que des ordinateurs, des capteurs, des personnes, etc. L'IdO s'appuie sur les nuages

3

Internet pour parvenir à une informatique omniprésente avec n'importe quel objet, partout et à tout moment.

•   Le **calcul haute performance (HPC)** se concentre sur les performances de vitesse pure. La vitesse des systèmes de calcul intensif est passée de gflops au début des années 1990 à Pflops en 2010. Cette amélioration est principalement due aux exigences de la science, de l'ingénierie et de la fabrication.

- Dans les systèmes de **calcul à haut débit (HTC), une** attention accrue **est** accordée au calcul à haut flux. La principale application du calcul à haut débit est la recherche sur Internet et les services web utilisés par des millions d'utilisateurs ou plus simultanément. L'objectif de performance se déplace donc vers la mesure du débit élevé ou du nombre de tâches accomplies par unité de temps. La technologie HTC doit non seulement améliorer la vitesse de traitement par lots, mais aussi répondre aux problèmes aigus de coût, d'économie d'énergie, de sécurité et de fiabilité qui se posent dans de nombreux centres de données et d'entreprises.

Degré de parallélisme :

Le **parallélisme au niveau des bits (BLP)** convertit progressivement le traitement en série des bits en traitement au niveau des mots. Au fil des ans, les utilisateurs sont passés de microprocesseurs de 4 bits à des unités centrales de 8, 16, 32 et 64 bits.

   Le **parallélisme au niveau des instructions (ILP)**, où le processeur exécute plusieurs instructions simultanément plutôt qu'une instruction à la fois.

La **parallélisation au niveau des données (DLP)** a été popularisée par les ordinateurs SIMD (single instruction, multiple data) et vectoriels avec des instructions vectorielles ou matricielles. DLP nécessite encore plus de support matériel et d'aide au compilateur pour fonctionner correctement.

Depuis l'introduction des processeurs multicœurs et des multiprocesseurs à puce (CMP), nous avons **travaillé sur la parallélisation au niveau des tâches (TLP)**.

TECHNOLOGIES POUR LES SYSTÈMES BASÉS SUR LE RÉSEAU

Processeurs multicœurs et technologies de multithreading : les processeurs modernes ou les puces de microprocesseur ont aujourd'hui une architecture multicœur avec deux, quatre, six ou plus de cœurs de calcul. Ces processeurs utilisent le parallélisme aux niveaux ILP et TLP. Aujourd'hui, les processeurs CPU et GPU multi-cœurs peuvent gérer plusieurs fils d'instructions à différentes échelles. Plusieurs cœurs résident sur la même puce avec un cache L2 partagé par tous les cœurs. À l'avenir, plusieurs CMP pourraient être situés sur la même puce de CPU, avec même le cache L3 situé sur la puce. Les processeurs multicœurs et multithreads sont présents dans de nombreux processeurs haut de gamme, notamment les processeurs Intel i7, Xeon, AMD Opteron, Sun Niagara, IBM Power 6 et X-Cell. Chaque cœur peut également être multithread.

Mémoire, stockage et réseaux étendus : la capacité des puces mémoire a quadruplé tous les trois ans. Pour les disques durs, la capacité est passée de 260 Mo en 1981 à 250 Go en 2004. Les disques durs ou les réseaux de disques durs ont une capacité supérieure à 3 To. La croissance rapide de la mémoire flash et des disques à état solide (SSD) a également une incidence sur l'avenir des systèmes HPC et HTC.

Connexions de la zone du système : Les nœuds des petits clusters sont généralement connectés via un commutateur Ethernet ou un réseau local (LAN).

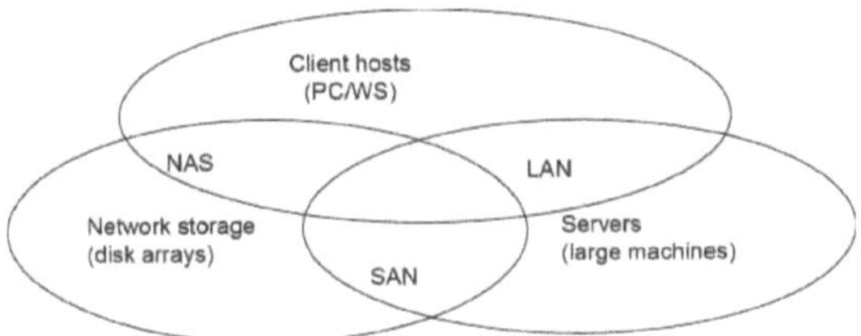

Comme le montre la figure, un réseau local (LAN) est généralement utilisé pour connecter des hôtes clients à de gros serveurs, tandis qu'un réseau de stockage (SAN) connecte des serveurs à des systèmes de stockage en réseau tels que des matrices de disques. Le stockage en réseau (NAS) connecte les hôtes clients directement aux matrices de disques. Ces trois types de réseaux se retrouvent souvent dans un grand cluster construit avec des composants de réseau commerciaux.

Réseaux à large bande : les réseaux à large bande passante augmentent la capacité de construire des systèmes massivement distribués. La croissance rapide de la bande passante Ethernet, qui est passée de 10 Mbps en 1979 à 1 Gbps en 1999 et à 40 ~ 100 GE en 2011. On estime que des connexions réseau de 1 Tbps seront disponibles d'ici 2013.

Machines virtuelles et intergiciels de virtualisation

Les machines virtuelles (VM) offrent de nouvelles solutions aux problèmes de sous-utilisation des ressources, d'inflexibilité des applications, de gestion des logiciels et de sécurité des machines physiques existantes. Aujourd'hui, pour construire de grands clusters, grilles et nuages, nous devons accéder à de grandes quantités de ressources de calcul, de stockage et de réseau sous une forme virtualisée. Nous devons agréger ces ressources et espérer fournir une image système unique. En particulier, un nuage de ressources provisionnées doit s'appuyer sur la virtualisation dynamique des processeurs, du stockage et des installations d'entrée/sortie.

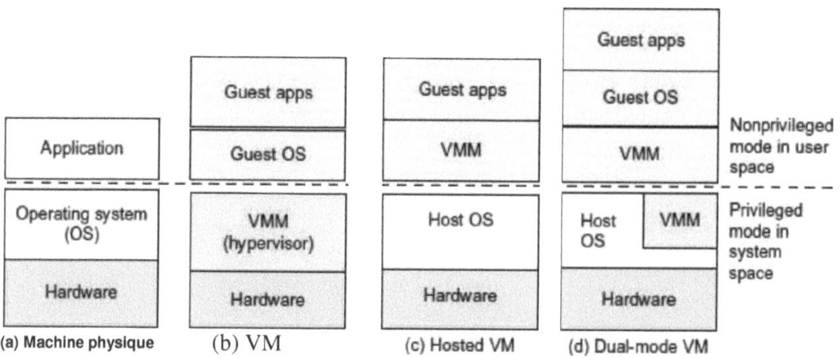

Trois architectures VM dans (b), (c) et (d), par rapport à la machine physique classique présentée en (a).

L'ordinateur hôte est équipé du matériel physique. La VM est équipée de ressources virtuelles gérées par un système d'exploitation invité pour exécuter une application spécifique. Une couche middleware appelée Virtual Machine Monitor (VMM) doit être déployée entre les VM et la plate-forme hôte.

L'illustration montre une VM native qui est utilisée avec l'aide d'une VMM, un hyperviseur, en mode privilégié.
mode. Le système d'exploitation invité pourrait être un système Linux et l'hyperviseur est

le système XEN développé à l'Université de Cambridge. Cette approche de l'hyperviseur est également appelée VM bare-metal car l'hyperviseur gère directement le matériel pur (CPU, mémoire et E/S). L'architecture est la VM hôte présentée dans la figure (c). Ici, le VMM fonctionne en mode non privilégié. Il n'est pas nécessaire de modifier le système d'exploitation de l'hôte. La VM peut également être mise en œuvre en mode double, comme le montre la figure 1.12(d). Une partie de la VMM fonctionne au niveau de l'utilisateur et une autre partie au niveau du superviseur. Dans ce cas, il peut être nécessaire de modifier dans une certaine mesure le système d'exploitation hôte. Plusieurs VM peuvent être portées sur un système matériel spécifique pour prendre en charge le processus de virtualisation. L'approche VM assure l'indépendance matérielle du système d'exploitation et des applications.

Opérations primitives VM : Le VMM fournit l'abstraction de la VM pour le système d'exploitation invité. Avec la virtualisation complète, le VMM exporte une abstraction de VM identique à la machine physique, de sorte qu'un système d'exploitation standard tel que Windows 2000 ou Linux peut fonctionner comme sur le matériel physique.

Les opérations VMM de bas niveau sont
* les VMs peuvent être multiplexées entre les machines matérielles,
* Une VM peut être suspendue et stockée dans un stockage stable.
* Une VM mise en pause peut être reprise ou déployée sur une nouvelle plate-forme matérielle.
* une VM peut être migrée d'une plateforme matérielle à une autre

Ces opérations permettent de déployer une VM sur toute plate-forme matérielle disponible. Ils permettent également une flexibilité dans le portage des exécutions d'applications distribuées. En outre, l'approche VM améliorera considérablement l'utilisation des ressources du serveur.

MODÈLES DE SYSTÈMES POUR LESET L'INFORMATIQUE DÉMATÉRIALISÉE SYSTÈMES DISTRIBUÉS

Les systèmes informatiques distribués et en nuage se composent d'un grand nombre de nœuds informatiques autonomes. Ces ordinateurs nodaux sont interconnectés hiérarchiquement via des SAN, des LAN ou des WAN. Les systèmes massifs sont considérés comme hautement évolutifs et peuvent atteindre une connectivité physique ou logique à l'échelle du web. Les systèmes massifs sont classés en quatre groupes : Clusters, réseaux P2P, grilles de calcul et nuages Internet sur de grands centres de données. En termes de nombre de nœuds, ces quatre classes de systèmes peuvent inclure des centaines, des milliers ou même des millions d'ordinateurs comme nœuds participants. Ces ordinateurs fonctionnent de manière collective, coopérative ou collaborative à différents niveaux. Une grappe d'ordinateurs consiste en un groupe d'ordinateurs qui

1. Grappes d'ordinateurs coopératifs qui sont

interconnectés, ordinateurs autonomes, une seule ressource informatique intégrée.

Architecture en grappe

Une grappe de serveurs connectés via un réseau à haut débit

La figure montre l'architecture d'un cluster de serveurs typique construit autour d'un réseau d'interconnexion à faible latence et à large bande passante. La structure hiérarchique via un SAN, un LAN ou un WAN permet de construire des clusters évolutifs avec un nombre croissant de nœuds. Le cluster est connecté à Internet via une passerelle VPN (Virtual Private Network). L'adresse IP de la passerelle détermine l'emplacement du cluster. L'image système d'un ordinateur est déterminée par la façon dont le système d'exploitation gère les ressources partagées du cluster.

Image système unique : un cluster idéal devrait combiner plusieurs images système en une image système unique (SSI). Les développeurs de clusters souhaitent disposer d'un système d'exploitation ou d'un intergiciel de cluster qui prenne en charge la SSI à différents niveaux, y compris le partage des unités centrales, de la mémoire et des E/S entre les nœuds du cluster. Une SSI est une illusion créée par un logiciel ou un matériel qui représente une collection de ressources comme une ressource intégrée et puissante. SSI fait en sorte que le cluster apparaisse à l'utilisateur comme une seule machine.

Support matériel, logiciel et intergiciel : Les grappes qui explorent le parallélisme massif sont communément appelées MPP. Un support spécial de middleware de cluster est nécessaire pour réaliser SSI ou la haute disponibilité (HA). Les applications séquentielles et parallèles peuvent s'exécuter sur le cluster et des environnements parallèles dédiés sont nécessaires pour faciliter l'utilisation des ressources du cluster.

2. infrastructures de calcul en grille : une grille de calcul fournit une infrastructure qui relie les ordinateurs, les logiciels/middleware, les instruments spéciaux, les personnes et les capteurs. Le réseau est souvent construit sur des réseaux de base LAN, WAN ou Internet à l'échelle régionale, nationale ou mondiale. Les entreprises ou les organisations présentent les grilles comme des ressources informatiques intégrées. Ils peuvent également être considérés comme des plateformes virtuelles pour soutenir les organisations virtuelles. Les ordinateurs utilisés dans une grille sont principalement des stations de travail, des serveurs, des grappes et des superordinateurs. Les ordinateurs personnels, les ordinateurs portables et les PDA peuvent être utilisés comme dispositifs d'accès à un système de grille.

3. familles de réseaux pair-à-pair

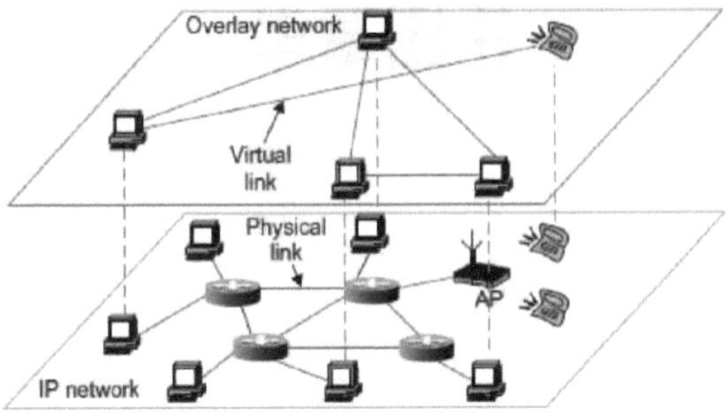

La structure d'un système P2P par la mise en correspondance d'un réseau IP physique avec un réseau superposé.

Dans un système P2P, chaque nœud agit à la fois comme un client et comme un serveur, fournissant une partie des ressources du système. Les ordinateurs homologues sont simplement des ordinateurs clients connectés à l'internet. Tous les ordinateurs clients agissent de manière autonome et peuvent librement rejoindre ou quitter le système. Cela signifie qu'il n'y a pas de relation maître-esclave entre les pairs. Il n'est pas nécessaire de mettre en place une coordination centrale ou une base de données centrale. En d'autres termes, aucun ordinateur pair n'a une vue d'ensemble de tout le système P2P. Le système est auto-organisé avec un contrôle distribué. Contrairement aux grappes ou aux grilles, un réseau P2P n'utilise pas de réseau d'interconnexion dédié. Le réseau physique est simplement un réseau ad hoc formé de manière aléatoire dans différents domaines Internet à l'aide des protocoles TCP/IP et NAI.

Les éléments de données ou les fichiers sont distribués aux pairs participants. Sur la base des demandes de communication ou de partage de fichiers, les identifiants des pairs forment un réseau superposé de niveau logique. Cet overlay est un réseau virtuel formé en associant logiquement chaque machine physique à son ID via une association virtuelle

Les performances du P2P sont influencées par l'efficacité du routage et l'auto-organisation des pairs participants. La tolérance aux pannes, la gestion des défaillances et l'équilibrage des charges sont d'autres aspects importants de l'utilisation des réseaux superposés. Le manque de confiance entre pairs est un autre problème. Les pairs sont des étrangers les uns pour les autres. La sécurité, le respect de la vie privée et la violation des droits d'auteur constituent un gros problème.

4. l'informatique dématérialisée via l'internet : Un nuage est un pool de ressources informatiques virtualisées. Un nuage peut accueillir une variété de charges de travail différentes, y compris des tâches dorsales de type batch et des applications interactives et orientées vers l'utilisateur.

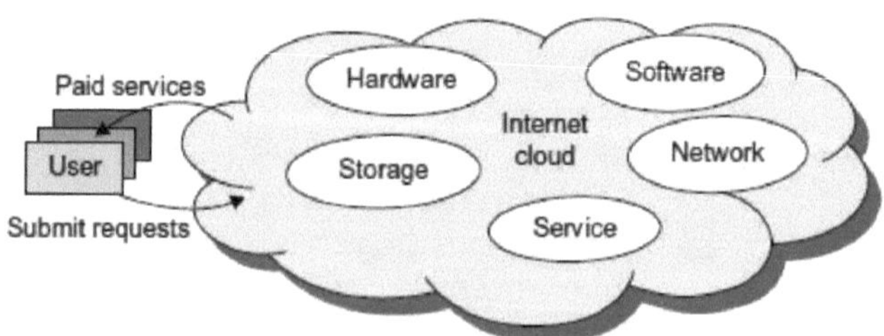

Ressources virtualisées à partir de centres de données pour former un nuage Internet.

L'informatique en nuage utilise une plateforme virtualisée avec des ressources élastiques à la demande en approvisionnant dynamiquement le matériel, les logiciels et les ensembles de données (voir figure 1.18). L'idée est de faire évoluer l'informatique de bureau vers une plateforme orientée services, en utilisant des grappes de serveurs et de grandes bases de données dans des centres de données.

THREE MODELS FOR CLOUD SERVICES

- **Infr astructure as a Service (IaaS)** Dans ce modèle, les infrastructures requises par les utilisateurs, c'est-à-dire les serveurs, le stockage, les réseaux et la structure du centre de données, sont assemblées. L'utilisateur peut provisionner et exécuter plusieurs VM avec des systèmes d'exploitation invités pour des applications spécifiques. L'utilisateur ne gère ni ne contrôle l'infrastructure en nuage sous-jacente, mais il peut déterminer quand demander et libérer les ressources requises.

- **Platform as a Service (PaaS)** Ce modèle permet aux utilisateurs de déployer des applications qu'ils ont créées sur une plateforme en nuage virtualisée. Le PaaS comprend des intergiciels, des bases de données, des outils de développement et certains supports d'exécution tels que Web 2.0 et Java. La plate-forme comprend à la fois du matériel et des logiciels intégrés à des interfaces de programmation spécifiques. Le site web Le prestataire fournit l'API et les outils logiciels (par exemple, Java, Python, Web 2.0, .NET). L'utilisateur est dispensé de gérer l'infrastructure du nuage.

- **Logiciel en tant que service (SaaS)** Il s'agit d'un logiciel d'application lancé par un navigateur à travers des milliers de clients payants du cloud. Le modèle SaaS s'applique aux processus métier, aux applications sectorielles, à la gestion de la relation client (CRM), à la planification des ressources de l'entreprise (ERP), aux ressources humaines (HR) et aux applications collaboratives. Du côté du client, il n'y a pas d'investissement initial dans des serveurs ou des licences logicielles. Du côté du fournisseur, les coûts sont plutôt faibles par rapport à l'hébergement traditionnel des applications des utilisateurs.

ENVIRONNEMENTS LOGICIELS POUR LES SYSTÈMES DISTRIBUÉS ET LES NUAGES

Architecture orientée services (SOA)
- Un paradigme pour l'organisation et l'utilisation des capacités distribuées qui sont sous le contrôle de différents domaines de propriété et qui peuvent être mises en œuvre avec différents paquets de technologies.
- Un ensemble de composants qui peuvent être invoqués et dont les descriptions d'interface peuvent être publiées et découvertes (W3C).
- L'architecture orientée services (SOA) est un style d'architecture dont l'objectif est de réaliser un couplage souple entre des agents logiciels en interaction.
- Un service est une unité de travail réalisée par un prestataire de services afin d'obtenir un résultat final souhaité pour un client.
- Les fournisseurs et les consommateurs sont des rôles joués par des agents logiciels pour le compte de leurs propriétaires.

Systèmes d'exploitation distribués

Les ordinateurs de la plupart des systèmes distribués sont faiblement couplés. Par conséquent, un système distribué possède par nature plusieurs images système. Cela s'explique principalement par le fait que tous les ordinateurs des nœuds fonctionnent avec un système d'exploitation indépendant. Pour favoriser le partage des ressources et la communication rapide entre les ordinateurs des nœuds, il est préférable de disposer d'un système d'exploitation distribué qui gère toutes les ressources de manière cohérente et efficace. Un tel système est très probablement un système fermé qui s'appuie sur la messagerie et les RPC pour la communication entre les nœuds.

MOSIX2 pour les clusters Linux

Fonctionne avec une couche de virtualisation dans l'environnement Linux Cette couche fournit une image système unique partielle pour les applications utilisateur Ceci est principalement dû au fait que toutes les machines des nœuds fonctionnent avec un système d'exploitation indépendant Prend en charge les applications séquentielles et parallèles, découvre les ressources et migre les processus logiciels entre les nœuds Linux Peut gérer un cluster Linux ou une grille avec plusieurs clusters

MODÈLES DE PROGRAMMATION PARALLÈLE ET DISTRIBUÉE

Interface de passage de messages (MPI) Il s'agit de la principale norme de programmation pour le développement de programmes parallèles et concurrents destinés à être exécutés sur un système distribué MPI est essentiellement une bibliothèque de sous-programmes pouvant être appelés à partir de C ou de FORTRAN pour écrire des programmes parallèles destinés à être exécutés sur un système distribué L'idée est de connecter des clusters, des systèmes de grille et des systèmes P2P avec des services web améliorés et des applications informatiques utilitaires

MapReduce Il s'agit d'un modèle de programmation web développé par Google pour le traitement évolutif de données sur de grands clusters pour de grands ensembles de données. Le modèle est principalement utilisé dans les applications de recherche web et de cloud computing. Le nœud principal spécifie une fonction Map pour diviser l'entrée en sous-problèmes Applique une fonction Reduce pour fusionner toutes les valeurs intermédiaires avec la même clé intermédiaire Très évolutif pour explorer un haut degré de parallélisme à différents niveaux de travail Un processus de calcul MapReduce typique peut traiter des téraoctets de données sur des dizaines de milliers ou plus de machines clientes Des milliers de travaux MapReduce sont exécutés quotidiennement sur les clusters de Google

La **bibliothèque Hadoop** est une plateforme logicielle développée à l'origine par un groupe Yahoo ! Ce paquet permet aux utilisateurs d'écrire et d'exécuter des applications pour des quantités massives de données distribuées. Les utilisateurs peuvent facilement faire évoluer Hadoop pour stocker et traiter des pétaoctets de données dans l'espace web.

Économique : il est fourni avec une version open-source de MapReduce qui minimise les frais généraux liés au lancement de tâches et à la communication massive de données.

Efficace : il traite les données avec un haut degré de parallélisme sur un grand nombre de nœuds standard.

Fiable : Conserve automatiquement plusieurs copies des données pour faciliter la redistribution des tâches informatiques en cas de défaillance inattendue du système.

Loi d'Amdahl

Supposons qu'une station de travail monoprocesseur exécute un programme spécifique en un temps T minutes.

Maintenant, le même programme est partitionné pour une exécution parallèle sur un cluster avec de nombreux nœuds.

Nous supposons que la partie a du code doit être exécutée séquentiellement.

Par conséquent, (1 - a) du code peut être compilé pour une exécution parallèle par n processeurs

Le temps total d'exécution du programme est calculé comme suit :

a T + (1 - a)T/n où le premier terme est le temps d'exécution séquentiel sur un seul processeur et le second terme est le temps d'exécution parallèle sur n nœuds de traitement

Loi d'Amdahl : facteur d'accélération

Le facteur d'accélération lors de l'utilisation d'un système à n processeurs par rapport à l'utilisation d'un seul processeur est exprimé par :

Accélération = S = T/[a T + (1 - a)T/n]

= 1/[a + (1 - a)/n]

L'accélération maximale de n n'est atteinte que si le code est complètement parallélisable avec $a = 0$.

Lorsque l'amas devient suffisamment grand, c'est-à-dire n -> ∞, S s'approche de 1/ a, une limite supérieure pour l'accélération S

Le goulot d'étranglement séquentiel est la partie du code qui ne peut pas être parallélisée.
Si a = 0:25 -> 1 - a = 0:75, Max. Accélération = 4

La loi de Gustafson

Mise à l'échelle de la taille du problème en fonction de la capacité du cluster (accélération de la charge de travail à l'échelle).

Soit W la charge de travail dans un programme donné. Lorsqu'il utilise un système à n processeurs, l'utilisateur adapte la charge de travail à

$$W' = a W + (1 - a) n W$$

Le temps d'exécution parallèle d'une charge de travail mise à l'échelle W' sur n processeurs est défini par l'accélération de la charge de travail mise à l'échelle

$$S' = W'/W = [a W + (1 - a) n W]/W$$

$$= a + (1 - \mathbf{a})n$$

L'efficacité est donc

$$E' = S' / n = a /n + (1 - a)$$
Pour $a = 0{,}25$ et n = 256, E = 75 %.

Disponibilité

Un système est hautement disponible s'il présente un temps moyen de défaillance (MTTF) long et un temps moyen de réparation (MTTR) court.

Disponibilité du système = MTTF = (MTTF + MTTR)

Une panne peut survenir dans le matériel, le logiciel ou un composant du réseau. Toute défaillance qui entraîne l'arrêt du fonctionnement de l'ensemble du système est appelée "point unique de défaillance". Un système informatique fiable doit être conçu de manière à ne pas comporter de point de défaillance unique.

En général, la disponibilité d'un système distribué diminue avec l'augmentation de sa taille, car la probabilité d'erreurs augmente et il est difficile d'isoler les erreurs

L'EFFICACITÉ ÉNERGÉTIQUE DANS L'INFORMATIQUE DISTRIBUÉE

Les principaux objectifs de performance des systèmes informatiques parallèles et distribués conventionnels sont la haute performance et le haut débit, avec une certaine forme de fiabilité de la performance (par exemple, la tolérance aux pannes et la sécurité). Cependant, ces systèmes ont récemment été confrontés à de nouveaux défis, notamment en matière d'efficacité énergétique, de déchargement de la charge de travail et de ressources.

Consommation d'énergie des serveurs inutilisés : pour exploiter un parc de serveurs (centre de données), une entreprise doit dépenser chaque année une somme importante en matériel, logiciels, assistance opérationnelle et énergie. Par conséquent, les entreprises doivent déterminer avec soin si leur parc de serveurs installé (plus précisément, le volume des ressources fournies) est à un niveau approprié, notamment en termes d'utilisation.

Économie d'énergie dans les serveurs actifs : Outre l'identification des serveurs inutilisés/sous-utilisés pour économiser de l'énergie, des techniques appropriées doivent également être appliquées pour réduire la consommation d'énergie dans les systèmes distribués actifs avec un impact négligeable sur leurs performances.

Couche application : jusqu'à présent, la plupart des applications utilisateur dans les domaines de la science, du commerce, de l'ingénierie et de la finance visaient à augmenter la vitesse ou la qualité d'un système. Avec l'introduction des applications sensibles à l'énergie, le défi consiste à développer des applications sophistiquées de gestion de l'énergie multicouches et multi-domaines sans compromettre les performances.

Couche d'intergiciel : la couche d'intergiciel sert de pont entre la couche d'application et la couche de ressources. Cette couche fournit des fonctions telles que le courtier en ressources, le service de communication, l'analyseur de tâches, le planificateur de tâches, l'accès sécurisé, le contrôle de fiabilité et le service d'information. Il est également chargé d'appliquer des techniques d'efficacité énergétique, notamment dans l'ordonnancement des tâches.

Couche de ressources : La couche de ressources est constituée d'un large éventail de ressources, notamment des nœuds de calcul et des unités de stockage. Cette couche interagit généralement avec les périphériques matériels et le système d'exploitation et est donc responsable du contrôle de toutes les ressources distribuées dans les systèmes informatiques distribués. La gestion dynamique de l'énergie (DPM) et la mise à l'échelle dynamique tension-fréquence (DVFS) sont deux méthodes populaires intégrées aux systèmes informatiques actuels. Le DPM permet aux périphériques matériels, tels que le CPU, de passer du mode veille à un ou plusieurs modes d'économie d'énergie. Dans le cadre de la DVFS, des économies d'énergie sont réalisées en raison du fait que la consommation d'énergie dans les circuits CMOS est directement liée à la fréquence et au carré de la tension d'alimentation.

Couche réseau : Le routage et la transmission de paquets et la fourniture de services réseau à la couche ressources sont les principales tâches de la couche réseau dans les systèmes informatiques distribués. Le principal défi de la construction de réseaux à haut rendement énergétique est de déterminer comment mesurer, prévoir et équilibrer la consommation d'énergie et les performances.

Un **cluster d'ordinateurs** est une collection d'ordinateurs individuels interconnectés qui peuvent travailler ensemble et coopérer comme un seul pool de ressources informatiques intégrées. La mise en grappe explore le parallélisme massif au niveau des tâches et permet d'atteindre la haute disponibilité (HA) par des opérations autonomes.
Les avantages des grappes d'ordinateurs et des processeurs massivement parallèles (MPP) sont les suivants : performances évolutives, haute disponibilité, tolérance aux pannes, croissance modulaire et utilisation de composants standard.

Objectifs de conception des grappes d'ordinateurs

Les groupes sont classés en fonction de six attributs orthogonaux : évolutivité, conditionnement, contrôle, homogénéité, programmabilité et sécurité.

1. **Évolutivité :** l'évolutivité peut être limitée par un certain nombre de facteurs, tels que la technologie des puces multicœurs, la topologie des grappes, la méthode de conditionnement, la consommation d'énergie et le système de refroidissement appliqué. L'objectif est d'obtenir des performances évolutives qui soient limitées par les facteurs ci-dessus.

2. **Emballage : les** nœuds de cluster peuvent être emballés **de manière compacte** ou **lâche.**

   Dans une grappe compacte, les nœuds sont serrés dans un ou plusieurs racks, qui sont placés dans une salle de conférence.

   et les nœuds ne sont pas connectés à des périphériques (écrans, claviers, souris, etc.).

   Dans un cluster Slack, les nœuds sont connectés à leurs périphériques habituels et peuvent être

   dans différentes pièces, différents bâtiments ou même dans des régions éloignées. Emballage direct

   affecte la longueur des câbles de communication et donc le choix de la technologie de connexion

   est utilisé. Alors qu'un cluster compact peut utiliser une communication à large bande passante et à faible latence.

   qui est souvent propriétaire, les nœuds d'un cluster Slack sont généralement connectés par le biais de

   LANs ou WANs standard

3. **Contrôle : un** cluster peut être contrôlé ou géré de manière centralisée ou décentralisée. Un cluster compact est généralement contrôlé de manière centralisée, tandis qu'un cluster Slack peut être contrôlé dans les deux sens. Dans un cluster centralisé, tous les nœuds sont contrôlés, gérés et administrés par un opérateur central. Dans un cluster décentralisé, les nœuds ont des propriétaires individuels. L'absence d'un point de contrôle unique rend la gestion du système d'un tel cluster très difficile. En outre, des techniques spéciales sont nécessaires pour l'ordonnancement des processus, la migration des charges de travail, le point de contrôle, la comptabilité et d'autres tâches similaires.

4. **Homogénéité :** un cluster homogène utilise des nœuds de la même plateforme, c'est-à-dire de la même architecture de processeur et du même système d'exploitation ; souvent, les nœuds proviennent des mêmes fabricants. Dans un cluster hétérogène, des nœuds de différentes plateformes sont utilisés. L'interopérabilité est une question importante dans les grappes hétérogènes. Par exemple, la migration des processus est souvent nécessaire pour l'équilibrage des charges ou la disponibilité. Dans un cluster homogène, une image de processus

binaire peut migrer vers un autre nœud et continuer à s'y exécuter. Dans un cluster hétérogène, cela n'est pas possible car le code binaire n'est pas exécutable lorsque le processus migre vers un nœud sur une plateforme différente.

5. **Sécurité : La** communication au sein d'un cluster peut être ouverte ou fermée. Dans un cluster ouvert, les voies de communication entre les nœuds sont ouvertes sur l'extérieur. Un ordinateur extérieur peut accéder aux voies de communication et donc aux différents nœuds via des protocoles standard (par exemple TCP/IP). De telles grappes ouvertes sont faciles à mettre en œuvre, mais présentent plusieurs inconvénients :

- La communication au sein d'un cluster n'est pas sécurisée à moins que la communication ne soit

Le sous-système effectue des travaux supplémentaires pour assurer la protection et la sécurité des données.

- La communication vers l'extérieur peut perturber la communication au sein du cluster de manière imprévisible.

La mode.

- Les protocoles de communication standard ont généralement une surcharge élevée. L'un des inconvénients est que

Il n'existe actuellement aucune norme pour une communication efficace et fermée au sein des clusters.

6. **Clusters dédiés par rapport aux clusters d'entreprise :** un cluster dédié est généralement installé dans un rack de bureau dans une salle informatique centrale. Il est configuré uniformément avec des nœuds informatiques du même type et est géré par un seul groupe d'administrateurs comme un hôte frontal. Les clusters dédiés sont utilisés pour remplacer les ordinateurs centraux ou les superordinateurs traditionnels. Un cluster dédié est installé, utilisé et géré comme une seule machine. Un cluster d'entreprise est principalement utilisé pour utiliser les ressources inutilisées des nœuds. Chaque nœud est généralement un ordinateur SMP complet, une station de travail ou un PC auquel sont connectés tous les périphériques nécessaires. Les nœuds sont généralement dispersés géographiquement et ne se trouvent pas nécessairement dans la même pièce, voire dans le même bâtiment. Les nœuds sont détenus par plusieurs propriétaires.

Questions de base sur la conception des clusters

1. **Performances évolutives : l'évolution des** ressources (nœuds de cluster, capacité de stockage, bande passante E/S, etc.) entraîne une augmentation proportionnelle des performances. Selon les besoins de l'application ou pour des raisons de

rentabilité, les fonctions de mise à l'échelle et de réduction sont nécessaires. La mise en grappe est déterminée par l'évolutivité

2. **Image système unique (SSI)** : un groupe de stations de travail connectées via un réseau Ethernet n'est pas nécessairement un cluster. Un cluster est un système unique.

3. **Support de la disponibilité** : les clusters peuvent fournir des capacités HA rentables avec beaucoup de redondance dans les processeurs, la mémoire, les disques, les périphériques E/S, les réseaux et les images de système d'exploitation.

4. **Gestion des tâches en grappe : les** grappes sont utilisées pour essayer d'obtenir une utilisation élevée du système des stations de travail traditionnelles ou des nœuds de PC qui ne sont normalement pas très utilisés. Un logiciel de gestion des tâches est nécessaire pour assurer le traitement par lots, l'équilibrage des charges, le traitement parallèle et d'autres fonctions.

5. **Communication entre les nœuds** : Les lignes physiques entre les nœuds sont plus longues dans un cluster que dans un MPP. Une longue ligne signifie une plus grande latence dans le réseau d'interconnexion. Cependant, les lignes plus longues posent davantage de problèmes en termes de fiabilité, de décalage d'horloge et de diaphonie. Ces problèmes nécessitent des protocoles de communication fiables et sécurisés qui augmentent les frais généraux. Dans les clusters, on utilise souvent des réseaux standard (par exemple Ethernet) avec des protocoles standard tels que TCP/IP.

6. **tolérance aux pannes et récupération : les** grappes de   machines peuvent être conçu pour éviter toute défaillance unique. La redondance permet à un cluster de tolérer les défaillances dans une certaine mesure   .
Des mécanismes de battement de cœur peuvent être   installés pour surveiller le   fonctionnement
État de tous les nœuds. En cas de défaillance d'un nœud, les travaux critiques exécutés sur les nœuds défaillants peuvent être sauvés en les déplaçant sur les machines des nœuds survivants. Les schémas de récupération par retour en arrière restaurent les résultats de calcul par le biais de points de contrôle réguliers.

7. **classification des familles de clusters** : les clusters informatiques sont divisés en trois classes

- **Clusters de calcul** Ces clusters sont principalement conçus pour les calculs collectifs sur un seul gros travail. Les clusters de calcul ne gèrent pas de nombreuses opérations d'E/S, comme les services de base de données. Si une tâche de calcul unique nécessite une communication fréquente entre les nœuds du cluster, ce dernier doit adopter un réseau dédié, de sorte que les nœuds sont généralement homogènes et étroitement connectés.

Ce type de cluster est également **appelé cluster Beowulf.**

- **Clusters à haute disponibilité** Les clusters HA (High Availability clusters) sont conçus pour être tolérants aux pannes et réaliser une HA des services. Les clusters HA fonctionnent avec de nombreux nœuds redondants pour absorber les pannes ou les défaillances.

- **Clusters à équilibrage de charge** Ces clusters permettent une meilleure utilisation des ressources en équilibrant la charge entre tous les nœuds participants au cluster. Tous les nœuds partagent la charge de travail ou fonctionnent comme une seule machine virtuelle (VM). Les requêtes initiées par l'utilisateur sont distribuées entre toutes les machines du nœud pour former un cluster. La charge de travail est ainsi équilibrée entre les différentes machines, ce qui permet une meilleure utilisation des ressources ou des performances. Un intergiciel est nécessaire pour réaliser l'équilibrage dynamique de la charge par la migration des tâches ou des processus entre tous les nœuds du cluster.

Architecture de base d'un cluster

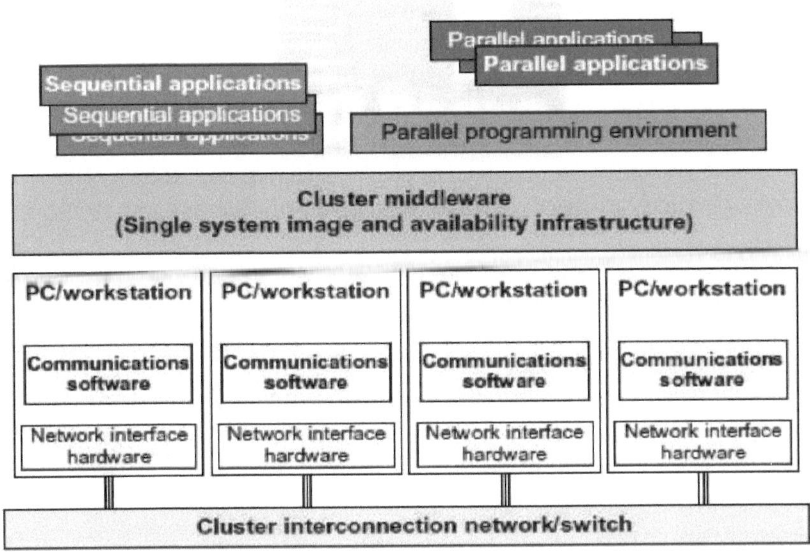

L'illustration montre un simple cluster d'ordinateurs construit à partir de composants disponibles dans le commerce et bénéficiant d'une prise en charge complète des fonctions SSI et des capacités HA souhaitées. Les nœuds de traitement sont des stations de travail, des PC ou des serveurs disponibles dans le commerce. Les systèmes d'exploitation des nœuds doivent être conçus pour des applications multi-utilisateurs, multi-tâches et multi-filières. Les nœuds sont interconnectés via un ou plusieurs réseaux standard rapides. Ces réseaux utilisent des protocoles de communication standard et fonctionnent à des vitesses qui devraient être deux ordres de grandeur plus rapides que les vitesses actuelles de TCP/IP sur Ethernet.

La carte d'interface réseau est connectée au bus d'E/S standard du nœud (par exemple, PCI). Si le processeur ou le système d'exploitation est modifié, seul le logiciel du pilote doit être changé.

Le middleware du cluster réunit toutes les plateformes de nœuds dans la zone utilisateur. Un intergiciel de disponibilité fournit des services HA. Une couche SSI fournit un point d'entrée unique, une hiérarchie de fichiers unique, un point de contrôle unique et un

système de gestion des tâches unique. En plus de
exécute des programmes utilisateurs séquentiels, le cluster prend en charge la
programmation parallèle sur la base de
des langages et des bibliothèques de communication avec PVM, MPI ou OpenMP.
L'environnement de programmation comprend également des outils de débogage, de
profilage, de surveillance, etc. Un sous-système d'interface utilisateur est nécessaire pour
combiner les avantages de l'interface web et de l'interface graphique Windows. Il doit
également fournir des liens conviviaux vers divers environnements de programmation,
des outils de gestion des tâches, des supports hypertexte et de recherche, afin que les
utilisateurs puissent facilement obtenir de l'aide pour programmer le cluster d'ordinateurs.

Partage des ressources en grappes

La mise en grappe améliore à la fois la disponibilité et les performances
Les nœuds d'un cluster peuvent être connectés de l'une des trois manières illustrées dans
la figure.

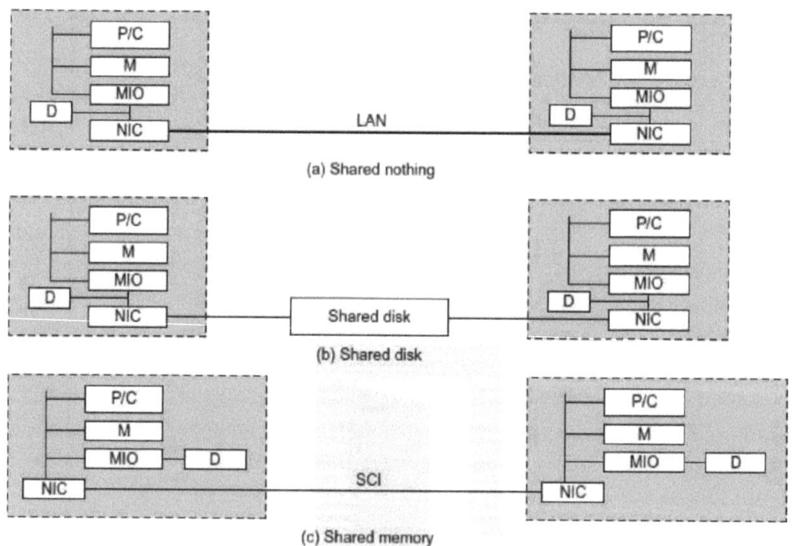

L'architecture "sans partage" de la partie (a) est utilisée dans la plupart des grappes où les
nœuds sont connectés via le bus d'E/S. Cette architecture relie simplement deux ou
plusieurs ordinateurs autonomes par l'intermédiaire d'un réseau local (LAN) tel

qu'Ethernet.

Un cluster de disques partagés est illustré dans la partie (b) et convient aux clusters à faible disponibilité dans les applications professionnelles. Si un nœud tombe en panne, l'autre nœud prend le relais. Ceci est souhaité par la plupart des clusters d'entreprise pour permettre la récupération en cas de défaillance d'un nœud. Les fichiers de point de contrôle ou les images système critiques peuvent être stockés sur le disque dur partagé pour augmenter la disponibilité du cluster. Sans disques partagés, le checkpointing, la récupération par rollback, le failover et le failback ne sont pas possibles dans un cluster.

Le cluster à mémoire partagée de la partie (c) est beaucoup plus difficile à réaliser. Les nœuds pourraient être connectés via un anneau SCI (Scalable Coherence Interface), qui est relié au bus mémoire de chaque nœud par un module NIC. Dans les deux autres architectures, l'interconnexion est connectée au bus d'entrée/sortie. Le bus de mémoire fonctionne à une fréquence plus élevée que le bus d'entrée/sortie.

PRINCIPES DE CONCEPTION DES GRAPPES D'ORDINATEURS

Les ordinateurs à usage général et les grappes d'ordinateurs coopératifs doivent être conçus pour l'extensibilité, la disponibilité, l'image système unique, la haute disponibilité, la tolérance aux pannes et la reprise après sinistre.

1. **Image système unique** : Une image système **unique** est l'illusion créée par un logiciel ou un matériel,

   qui présente une collection de ressources comme une ressource intégrée et puissante. Le SSI fait le

   apparaissent comme un seul ordinateur pour l'utilisateur, les applications et le réseau. Un cluster avec

   Les images de systèmes multiples ne sont rien d'autre qu'une collection d'ordinateurs indépendants (Distributed

   systèmes en général)

   ### Caractéristiques de l'image du système unique

   - **Système unique** : l'ensemble du cluster est considéré par les utilisateurs comme un système unique avec plusieurs processeurs.
   - **Contrôle unique** : logiquement, un utilisateur final ou un utilisateur du système utilise les services à partir d'un seul endroit avec une seule interface.
   - **Symmétrie** : Un utilisateur peut utiliser un service de cluster à partir de n'importe quel nœud. Tous les services et fonctions du cluster sont symétriques pour tous

les nœuds et tous les utilisateurs, à l'exception de ceux protégés par des droits d'accès.

- **Transparence de l'emplacement** : l'utilisateur ne connaît pas l'emplacement du dispositif physique qui fournit finalement un service.

Services de base du SSI

A. Point d'entrée unique

telnet cluster.usc.edu

telnet node1.cluster.usc.edu

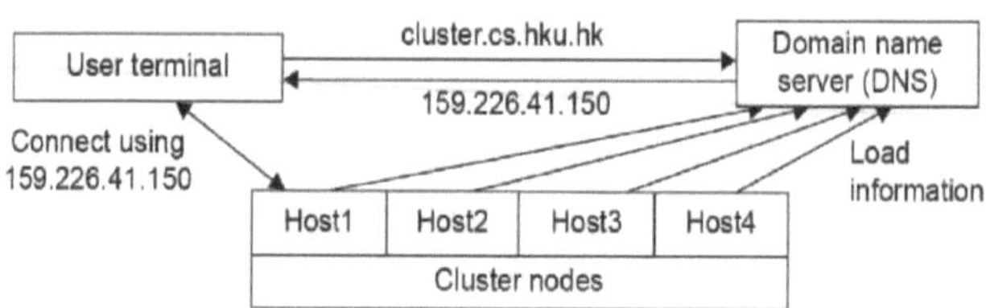

1. Quatre nœuds d'un cluster sont utilisés comme nœuds hôtes pour recevoir les demandes de connexion des utilisateurs.
2. Pour se connecter au cluster, une commande Unix standard telle que "telnet cluster.cs.hku.hk" est entrée en utilisant le nom symbolique du système du cluster.
3. Le nom symbolique est traduit par le DNS et renvoyé avec l'adresse IP 159.226.41.150 du nœud le moins chargé, qui est le nœud Host1.
4. L'utilisateur se connecte ensuite avec cette adresse IP.

5. Le DNS reçoit des informations sur la charge des nœuds hôtes à intervalles réguliers pour prendre des décisions d'équilibrage de la charge.

B. Hiérarchie de fichiers unique : xFS, AFS, Solaris MC Proxy

L'illusion d'une image unique et gigantesque du système de fichiers qui représente de manière transparente le système de fichiers local.

et les disques durs globaux et autres dispositifs de fichiers (par exemple, les bandes). Les fichiers peuvent être stockés sur 3 types de supports de données dans un cluster :

Stockage local - disque dur sur le nœud local.

Stockage à distance - disques durs sur des nœuds distants.

Stockage stable -

Persistant - les données, une fois écrites sur un support stable, y restent pendant au moins deux ans.

sur une certaine période (par exemple, une semaine), même après l'arrêt du cluster.

Tolérance aux pannes - dans une certaine mesure, en utilisant la redondance et les sauvegardes régulières pour

Cassettes.

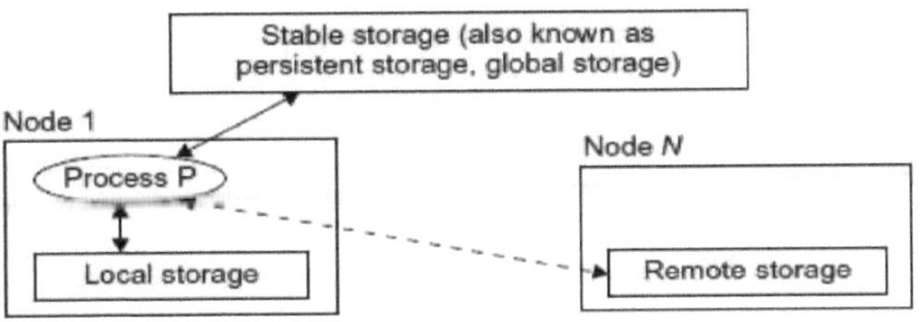

Trois types de stockage dans une seule hiérarchie de fichiers. Les lignes pleines montrent à quel processus P peut accéder
et la ligne pointillée montre ce à quoi P peut avoir accès

C. E/S, réseau et stockage uniques : pour réaliser le SSI, nous avons besoin d'un :

- point de contrôle unique
- Espace d'adressage individuel
- Système de gestion mono-utilisateur
- Interface mono-utilisateur
- Contrôle individuel des processus

Mise en réseau unique : un cluster correctement conçu doit se comporter comme un système unique. Tout processus sur n'importe quel nœud peut utiliser n'importe quel réseau et n'importe quel périphérique d'E/S comme s'il était connecté au nœud local. La mise en réseau unique signifie que tout nœud peut accéder à n'importe quelle connexion réseau.

Point de contrôle unique : l'administrateur système doit pouvoir configurer, surveiller et tester,

et de contrôler l'ensemble du cluster et chaque nœud individuel à partir d'un point unique. De nombreux clusters aident
via une console système qui est connectée à tous les nœuds du cluster

Mémoire unique : La mémoire unique donne à l'utilisateur l'illusion d'une grande mémoire principale centralisée, qui peut en fait consister en un certain nombre de zones de mémoire locale distribuées.

Espace d'adressage d'E/S unique : Un espace d'E/S unique signifie que chaque nœud peut accéder aux RAID.

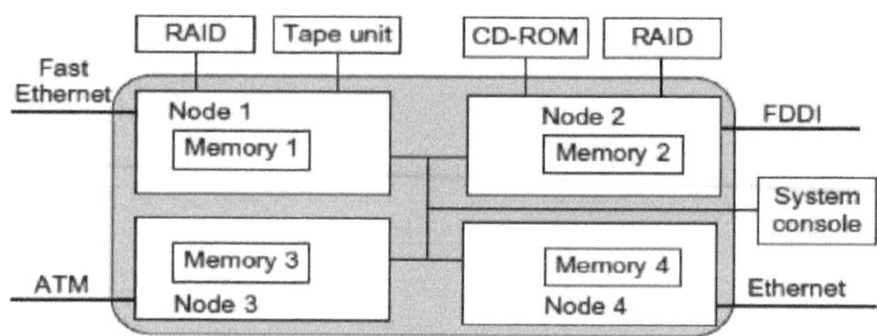

Un cluster avec un seul réseau, une seule zone d'E/S, une seule mémoire et un seul point de contrôle.

Autres services

Gestion unique des travaux : tous les travaux de la grappe peuvent être envoyés de chaque nœud à un seul et unique.
Système de gestion des commandes. GlUnix, Codine, LSF, etc.

Interface utilisateur unique : les utilisateurs utilisent le cluster via une interface graphique unique. Une telle interface est disponible pour les stations de travail et les PC, comme CDE dans Solaris/NT.

Espace de processus unique Tous les processus utilisateur créés sur différents nœuds forment un espace de processus unique.
et partagent un schéma commun d'identification des processus. Un processus sur n'importe quel nœud peut créer des processus sur des nœuds distants (par exemple via un fork UNIX) ou communiquer avec eux (par exemple via des signaux, des pipes, etc.).

Support middleware pour le clustering SSI Les fonctions SSI sont supportées par un middleware développé à trois niveaux d'application du cluster :

- **Niveau Administration** Ce niveau gère les applications des utilisateurs et fournit un système de gestion des commandes.

  tels que GLUnix, MOSIX, Load Sharing Facility (LSF) ou Codine.

- **Niveau de programmation** Ce niveau fournit une seule hiérarchie de fichiers (NFS, xFS, AFS, Proxy) et un seul type d'accès.

  mémoire partagée distribuée (TreadMark, Wind Tunnel).

- **Niveau de mise en œuvre** Ce niveau prend en charge un seul espace de processus,
       Point de contrôle, processus

  et une seule zone d'E/S. Ces fonctions doivent être connectées au matériel de la grappe et

  Plate forme OS .

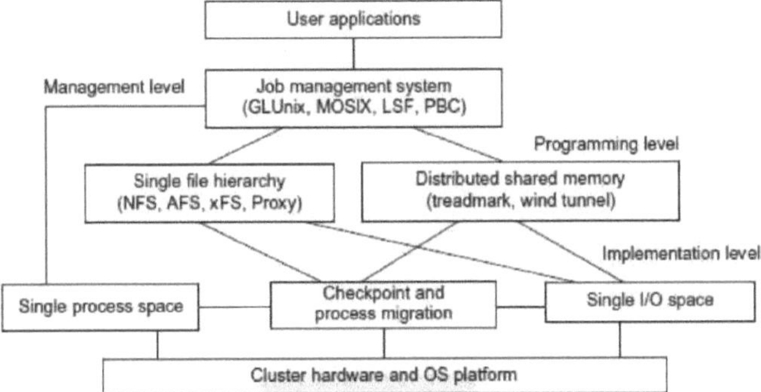

Relation entre les intergiciels de regroupement aux niveaux de la gestion des commandes, de la programmation et de la mise en œuvre .

2. **Haute disponibilité grâce à la redondance :**

   - La **fiabilité** mesure la durée pendant laquelle un système peut fonctionner sans défaillance.
   - La **disponibilité** indique le pourcentage de temps pendant lequel un système est disponible pour l'utilisateur, c'est-à-dire..,
       le pourcentage du temps de fonctionnement du système.
   - La **maintenabilité fait référence à** la facilité avec laquelle il est possible de maintenir le système, y compris le matériel et l'équipement.
       Maintenance, réparation, mise à niveau des logiciels, etc.

La fiabilité d'un système est mesurée par le temps moyen jusqu'à la défaillance (MTTF), c'est-à-dire l'intervalle de temps entre deux défaillances.

durée moyenne de fonctionnement normal avant que le système (ou un composant du système) ne tombe en panne. La mesure de l'aptitude au service est le temps moyen de réparation (MTTR), c'est-à-dire le temps moyen nécessaire pour réparer le système et le rendre à nouveau opérationnel après une panne.

La disponibilité d'un système est définie par :

$$\text{Disponibilité} = \text{MTTF} / (\text{MTTF} + \text{MTTR})$$

Un **dysfonctionnement** est un événement qui empêche le système de fonctionner normalement.

- **Pannes imprévues** Le système tombe en panne, par exemple à cause d'une défaillance du système d'exploitation, d'une panne matérielle ou d'une défaillance de l'ordinateur.

    une défaillance, une interruption du réseau, une erreur humaine, une panne de courant, etc. Tous

    On les appelle simplement des erreurs. Pour corriger l'erreur, le système doit être réparé.

- **Arrêts programmés** Le système n'est pas défectueux, mais il est régulièrement arrêté en fonctionnement normal.

    Fonctionnement pour les mises à niveau, la reconfiguration et la maintenance.

Défaillances temporaires ou permanentes

De nombreuses défaillances sont **temporaires, c'**est-à-dire qu'elles se produisent pendant une courte période, puis disparaissent à nouveau. Ils peuvent être réparés sans avoir à remplacer les composants. Une approche standard consiste à réinitialiser le système à un état connu et à recommencer.

Les **défaillances permanentes ne peuvent pas être réparées** par un redémarrage. Certains composants matériels ou logiciels doivent être réparés ou remplacés. Par exemple, un redémarrage n'est pas possible si le disque dur du système est défectueux.

Défaillances partielles par rapport aux défaillances totales

Une panne qui rend l'ensemble du système inutilisable est appelée panne totale. Une défaillance qui n'affecte qu'une partie du système est appelée défaillance partielle si le système est encore utilisable à capacité réduite.

Techniques de redondance

Redondance isolée : Une technique clé pour améliorer la disponibilité de tout système consiste à utiliser des composants redondants. Si un composant (le composant primaire) tombe en panne, le service qu'il fournit est pris en charge par un autre composant (le composant de secours). En outre, les composants primaires et de secours doivent être isolés les uns des autres, c'est-à-dire qu'ils ne doivent pas être exposés à la même cause de défaillance. Les clusters assurent la redondance des alimentations électriques, des ventilateurs, des processeurs, des mémoires, des disques durs, des périphériques d'E/S, des réseaux, des images de systèmes d'exploitation, etc. Dans un cluster soigneusement conçu, la redondance est également isolée.

Programmation en N-version pour améliorer la fiabilité des logiciels Une approche courante pour développer un système logiciel critique avec une redondance isolée est la programmation en N-version. Le logiciel est mis en œuvre par N équipes isolées qui peuvent même ne pas connaître l'existence des autres. Dans un système tolérant aux pannes, les N versions s'exécutent toutes simultanément et leurs résultats sont constamment comparés. Si les résultats diffèrent, le système est informé qu'une erreur s'est produite.

3. les **configurations de clusters à tolérance de pannes :** La solution de cluster doit fournir

Prise en charge de la disponibilité de deux nœuds de serveur avec trois niveaux de disponibilité ascendants : Hot

Veille, reprise active et tolérance aux pannes. Le niveau de disponibilité passe de l'état de veille à

des configurations de grappes actives et tolérantes aux pannes. Plus le temps de récupération est court, plus le

la disponibilité du cluster. Failback fait référence à la capacité d'un nœud récupéré à revenir à un fonctionnement normal.

Fonctionnement après réparation ou entretien. L'activité fait référence au fait que le nœud est utilisé dans une opération active.

fonctionner en mode normal.

- **Cluster de serveurs de secours à chaud** : dans un cluster de serveurs de secours à chaud, seul le nœud primaire effectue activement tout le travail utile. Le nœud de secours est allumé (chaud) et exécute quelques programmes de surveillance pour transmettre des signaux de battement de cœur afin de vérifier l'état du nœud principal, mais n'exécute aucune autre charge de travail utile. Le nœud primaire doit mettre en miroir toutes les données sur le stockage sur disque partagé accessible par le nœud de secours. Le nœud de secours a besoin d'une deuxième copie des données.

- **Cluster à reprise active** : dans ce cas, l'architecture est symétrique entre plusieurs serveurs.

Nœud. Les deux serveurs sont primaires et effectuent un travail normalement utile. Le basculement et le retour sont tous deux

souvent pris en charge sur les deux nœuds du serveur. Si un nœud tombe en panne, les applications utilisateur sur

les nœuds disponibles du cluster. En fonction du temps nécessaire pour effectuer le basculement,

il peut y avoir des retards ou des pertes de données qui n'ont pas été sauvegardées lors de la dernière mise à jour.

Point de contrôle.

- **Cluster de basculement :** en cas de défaillance d'un composant, cette technique permet au système restant de

reprennent les services initialement fournis par le composant défaillant. Un mécanisme de basculement

Doit assurer des fonctions multiples telles que le diagnostic de panne, la notification de panne et le dépannage.

Récupération. Le diagnostic des défauts fait référence à la détection d'un défaut et à la localisation de ce dernier.

composant qui a causé la défaillance. Une technique couramment utilisée est le battement de cœur, où le

les nœuds de la grappe s'envoient un flux de messages de battement de cœur les uns aux autres. Si le système ne

reçoit le flux de messages de battement de cœur d'un nœud, il peut en déduire que soit le nœud soit le

la connexion réseau a échoué.

Règlement sur le recyclage

La reprise après **défaillance désigne les** actions nécessaires pour reprendre la charge de travail d'un composant défaillant. Il existe deux types de techniques de récupération. Dans le cadre d'une reprise **inverse,** les processus s'exécutant sur un cluster stockent régulièrement un état cohérent (appelé point de contrôle) dans un stockage stable. Après une panne, le système est reconfiguré pour isoler le composant défaillant, le point de contrôle précédent est restauré et le fonctionnement normal reprend. C'est ce qu'on appelle le retour en arrière. La récupération par retour en arrière est relativement facile à mettre en œuvre de manière indépendante de l'application et portable.

Lorsque le temps d'exécution est critique, comme dans les systèmes en temps réel où le temps de retour en arrière ne peut pas être toléré, un schéma de récupération avant doit être utilisé. Dans un tel schéma, le système ne revient pas au point de contrôle précédent en cas de défaillance. Au lieu de cela, le système utilise les informations de diagnostic d'erreur pour reconstruire un état système valide et poursuivre l'exécution. La récupération en avant dépend de l'application et peut nécessiter du matériel supplémentaire.

Techniques de point de contrôle et de récupération

Avec le checkpointing, l'état d'un programme en cours d'exécution est stocké à intervalles réguliers dans une mémoire stable à partir de laquelle le système peut se rétablir après une erreur. Chaque état de programme stocké est appelé un point de contrôle. Le fichier disque contenant l'état stocké est appelé fichier de contrôle. Les techniques de point de contrôle ne sont pas seulement utiles pour la disponibilité, mais aussi pour le débogage des programmes, la migration des processus et l'équilibrage des charges.

Le pointage peut être réalisé par le système d'exploitation au **niveau du noyau**, où le système d'exploitation procède de manière transparente au pointage et au redémarrage des processus.
Une approche moins transparente relie le code utilisateur à une **bibliothèque de points de contrôle dans la zone utilisateur**. Le point de contrôle et le redémarrage sont gérés par ce support d'exécution. Cette approche est largement utilisée car elle présente l'avantage de ne pas devoir modifier les applications des utilisateurs.

Une troisième approche exige que l'**utilisateur (ou le compilateur)** insère des fonctions de point de contrôle dans l'application ; cela nécessite de modifier l'application et la transparence est perdue. Cependant, elle présente l'avantage que l'utilisateur peut spécifier l'endroit où le point de contrôle doit être placé. Ceci est utile pour réduire

Surcharge du point de contrôle. Le point de contrôle entraîne une surcharge de temps et de mémoire.

Transparents de points de contrôle
Pendant l'exécution d'un programme, ses états peuvent être stockés plusieurs fois. Ceci est indiqué par le temps nécessaire pour stocker un point de contrôle. La surcharge mémoire correspond à la mémoire et à l'espace disque supplémentaires requis pour le checkpointing. Les surcharges de temps et de mémoire dépendent de la taille du fichier de contrôle.

Sélection d'un intervalle de contrôle optimal

L'intervalle de temps entre deux points de contrôle est appelé intervalle de points de contrôle. La détermination de l'intervalle
est plus grande, le temps requis pour le point de contrôle peut être réduit.
Wong et Franklin ont dérivé une expression pour l'intervalle du point de contrôle optimal

$$\text{Intervalle du point de contrôle optimal} = \text{racine carrée (MTTF x tc)}/h$$

MTTF est le temps moyen avant défaillance du système. Ce MTTF tient compte du temps nécessaire pour sauvegarder un point de test et h est le pourcentage moyen de calculs normaux effectués dans un intervalle de points de test avant que le système ne tombe en panne. Le paramètre h est toujours compris dans l'intervalle. Après la récupération d'un système, celui-ci doit passer h x (intervalle de point de contrôle) temps à recalculer.

Point de contrôle incrémentiel

Au lieu de sauvegarder l'état entier à chaque point de contrôle, un schéma de pointage incrémentiel ne sauvegarde que la partie de l'état qui a changé depuis le point de contrôle précédent. Avec le checkpointing à état complet, un seul fichier de checkpoint doit être stocké sur le disque. Les points de contrôle ultérieurs écrasent simplement ce fichier. Avec le checkpointing incrémental, les anciens fichiers doivent être conservés car un état peut couvrir plusieurs fichiers. Par conséquent, le besoin total de stockage est supérieur à

Point de contrôle fourchu

La plupart des schémas de point de contrôle sont bloquants, en ce sens que le calcul normal est interrompu pendant l'exécution du point de contrôle. Si la mémoire est suffisante, la surcharge du point de contrôle peut être réduite en faisant une copie de l'état du programme en mémoire et en appelant un autre thread asynchrone pour effectuer le point de contrôle en même temps. Une façon simple de superposer les points de contrôle et les calculs est d'utiliser l'appel système UNIX fork( ). Le processus enfant bifurqué duplique l'espace d'adressage du processus parent et définit le point de contrôle. Pendant ce temps, le processus parent continue son exécution. Le chevauchement est obtenu parce que le point de contrôle est gourmand en disque et en E/S.

Point de contrôle contrôlé par l'utilisateur

La surcharge des points de contrôle peut parfois être considérablement réduite si l'utilisateur insère du code (par exemple, des appels de bibliothèque ou de système) pour indiquer au système quand sauvegarder, ce qu'il faut sauvegarder et ce qu'il ne faut pas sauvegarder. Quoi devrait être le contenu exact d'un point de contrôle ? Il doit contenir juste assez d'informations pour permettre la récupération d'un système. L'état d'un processus comprend l'état de ses données et de son contrôle.

Points de contrôle des programmes parallèles L'état d'un programme parallèle est généralement beaucoup plus important que celui des autres programmes.
que celle d'un programme séquentiel, puisqu'elle est constituée de l'ensemble des états des processus individuels et de l'état du réseau de communication. Le parallélisme entraîne également divers problèmes de synchronisation et de cohérence **Instantané cohérent**
Un instantané global est dit cohérent s'il n'y a aucun message qui a été reçu par le point de contrôle d'un processus mais pas encore envoyé par un autre processus. Graphiquement, cela correspond au cas où aucune flèche ne croise une ligne instantanée de droite à gauche

Contrôle coordonné ou indépendant
Les systèmes de points de contrôle pour les programmes parallèles peuvent être divisés en deux types. Dans le checkpointing coordonné (également appelé checkpointing cohérent), le programme parallèle est gelé et tous les processus sont vérifiés simultanément. Dans le checkpointing indépendant, les processus sont vérifiés indépendamment les uns des autres.

Planification et gestion du travail en grappe

Un système de gestion des tâches (*JMS*) doit être composé de trois parties :
- Un **serveur utilisateur** permet à l'utilisateur de soumettre des travaux à une ou plusieurs files d'attente, de spécifier les exigences en matière de ressources pour chaque travail, de supprimer un travail d'une file d'attente et de demander l'état d'un travail ou d'une file d'attente.
- Un planificateur de **tâches qui** effectue l'ordonnancement des tâches et la mise en file d'attente en fonction des types de tâches, des exigences en matière de ressources, de la disponibilité des ressources et des politiques d'ordonnancement.
- **Un gestionnaire de ressources qui** alloue et contrôle les ressources, applique les politiques de planification et collecte les informations de facturation.

Administration de JMS

- JMS doit être capable de reconfigurer dynamiquement le cluster avec un impact minimal sur les travaux en cours.
- Il devrait être possible d'exécuter les scripts de prologue et d'épilogue de l'administrateur avant et après chaque tâche de contrôle de sécurité, de comptabilité et de nettoyage.

- Nous devrions être capables de faire notre propre travail proprement.
- L'administrateur ou le JMS doit être en mesure d'interrompre ou de terminer proprement tout travail.
  - > Clean signifie que lorsqu'un travail est arrêté ou terminé, tous ses processus doivent être inclus.

  - > Sinon, certains processus "orphelins" restent dans le système, ce qui gaspille les ressources du cluster et peut éventuellement rendre le système inutilisable.

Plusieurs types de travaux sont exécutés dans un cluster.

- Les commandes en série sont exécutées sur un seul nœud.
- Les travaux parallèles utilisent plusieurs nœuds.
- Les travaux interactifs sont ceux qui nécessitent un délai d'exécution rapide et dont les entrées/sorties sont acheminées vers un terminal.
  - > Ces travaux ne nécessitent pas de grandes ressources, et les utilisateurs s'attendent à ce qu'ils soient exécutés immédiatement et ne doivent pas attendre dans une file d'attente.
- Les travaux par lots nécessitent généralement davantage de ressources, telles qu'une mémoire importante et un temps de traitement long.
  - > Mais ils n'ont pas besoin d'une réponse immédiate.
  - > Ils sont soumis à une file d'attente de tâches qui seront exécutées lorsque la ressource sera disponible (par exemple, en dehors des heures de bureau).

Plans de planification multi-emplois

- Les tâches de cluster peuvent être planifiées pour s'exécuter à une heure spécifique (**planification calendaire**) ou lorsqu'un événement spécifique se produit (**planification d'événement).**
- Les tâches sont programmées en fonction de priorités basées sur l'heure de soumission, les nœuds de ressources, le temps d'exécution, la mémoire, le disque, le type de tâche et l'identité de l'utilisateur.
- Avec la **priorité statique,** les travaux sont classés par ordre de priorité selon un schéma prédéfini.
  - > Un système simple consiste à programmer les commandes selon le principe du premier arrivé, premier servi.
  - > Une autre possibilité consiste à attribuer des priorités différentes aux utilisateurs.

    Avec la **priorité dynamique,** la priorité d'un travail peut changer au fil du temps.

Problèmes et schémas d'ordonnancement des tâches pour les nœuds en grappe

Sortie	Schéma	Problèmes centraux
Priorité des travaux	**Non préemptif**	Retard des commandes hautement prioritaires
	Préventif	Frais généraux, mise en œuvre
Ressources nécessaires	**Statique**	Déséquilibre de la charge
	Dynamique	Frais généraux, mise en œuvre
Partage des ressources	**Dédié**	Mauvaise utilisation
	Partager l'espace	Carrelage, gros travail
Programmation	**Partage du temps de travail**	Commande d'ordre basée sur le processus avec surcharge de commutation de contexte
	Indépendant	Fort ralentissement
	Planification des allées	Difficultés de mise en œuvre
Concurrence avec les emplois étrangers (locaux)	**Restez sur**	Ralentissement de l'emploi local
	Migrer	Seuil de migration, frais de migration

Modes d'ordonnancement

Mode dédié :

- Une seule tâche s'exécute dans le cluster à la fois, et un nœud se voit attribuer au maximum un processus de la tâche à la fois.

- La tâche individuelle s'exécute jusqu'à son terme avant de libérer le cluster pour l'exécution d'autres tâches.

Partage de l'espace :
Plusieurs travaux peuvent être exécutés simultanément sur des partitions (groupes) disjointes de nœuds.

- Un nœud se voit attribuer au maximum un processus à la fois.
- Bien qu'une partition de nœuds soit réservée à une tâche, les sous-systèmes d'interconnexion et d'E/S peuvent être partagés par toutes les tâches.

Multipropriété :
- Plusieurs processus utilisateurs sont affectés au même nœud.

    La division du temps introduit les stratégies de planification parallèle suivantes :

    - **Planification indépendante (Independent)** : utilise le système d'exploitation de chaque nœud de cluster pour planifier les différents processus comme avec une station de travail conventionnelle.
    - **Gang** Scheduling : Planifie tous les processus d'un travail parallèle ensemble. Lorsqu'un processus est actif, tous les processus sont actifs.

    - La **concurrence avec les commandes étrangères (locales)** : La planification se complique lorsque des commandes groupées et des commandes locales sont exécutées. Les commandes locales doivent avoir la priorité sur les commandes groupées.

1. **Problèmes liés au schéma de migration Disponibilité du nœud** : le travail peut-il trouver un autre nœud disponible vers lequel migrer ?

    > Étude de Berkeley : Même aux heures de pointe, 60 % des emplois d'un cluster sont disponibles.

2. **Frais généraux de migration** : Quel est l'impact des frais généraux de migration ? Le temps de migration peut ralentir considérablement un travail parallèle.

    > Étude de Berkeley : un ralentissement de 2,4 fois.
    > Le ralentissement est moindre lorsqu'un travail parallèle est exécuté sur un cluster deux fois plus grand.
    > Par exemple, une tâche de 32 nœuds sur un cluster de 60 nœuds ne ralentit pas la migration de plus de 20 %, même avec un temps de migration de 3 minutes.

3. **Seuil de recrutement** : le temps pendant lequel une station de travail reste inactive avant que le cluster ne la considère comme un nœud inactif. Quel doit être le seuil de recrutement ?

La **virtualisation est une** technologie d'architecture informatique qui permet de dupliquer plusieurs machines virtuelles (VM) dans le même matériel. L'objectif d'une VM est d'améliorer le partage des ressources entre de nombreux utilisateurs et d'accroître les performances de l'ordinateur en termes d'utilisation des ressources et de flexibilité des applications. Les ressources matérielles (CPU, mémoire, périphériques E/S, etc.) ou logicielles (système d'exploitation et bibliothèques logicielles) peuvent être virtualisées dans différentes couches fonctionnelles.

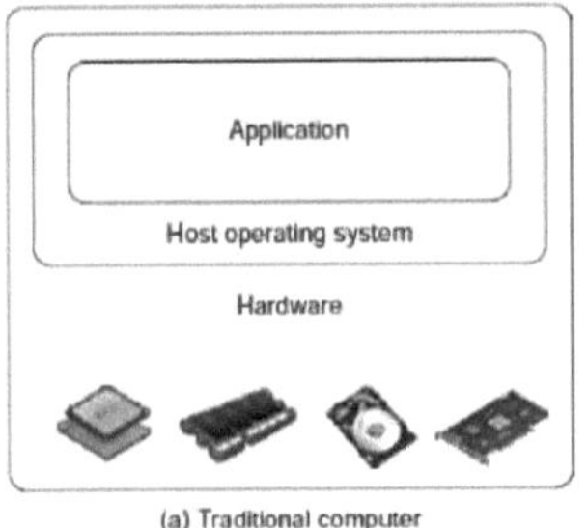

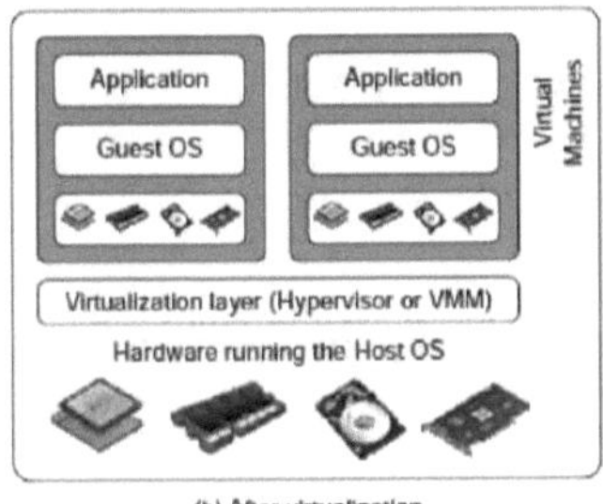

Un ordinateur traditionnel exécute un système d'exploitation hôte spécifiquement adapté à son architecture matérielle, comme le montre la figure (a). Après la virtualisation, différentes applications utilisateur gérées par leurs propres systèmes d'exploitation (systèmes d'exploitation invités) peuvent fonctionner indépendamment du système d'exploitation hôte sur le même matériel. Cela se fait souvent par l'ajout d'un logiciel supplémentaire appelé couche de virtualisation (voir figure (b)). Cette couche de virtualisation est appelée hyperviseur ou Virtual Machine Monitor (VMM). Les machines virtuelles sont situées dans les boîtes supérieures où les applications exécutent leur propre système d'exploitation invité sur les ressources virtualisées de l'unité centrale, de la mémoire et des entrées/sorties. La principale fonction de la couche logicielle de virtualisation est de virtualiser le matériel physique d'une machine hôte en ressources virtuelles qui sont utilisées par les machines virtuelles.

Les étapes de la mise en œuvre de la virtualisation

Le logiciel de virtualisation crée l'abstraction des VM en insérant une couche de virtualisation à différents niveaux d'un système informatique.

Les couches de virtualisation courantes comprennent

- Niveau de l'architecture du jeu d'instructions (ISA)
- Niveau matériel
- Niveau du système d'exploitation
- Niveau de soutien de la bibliothèque
- Niveau d'application

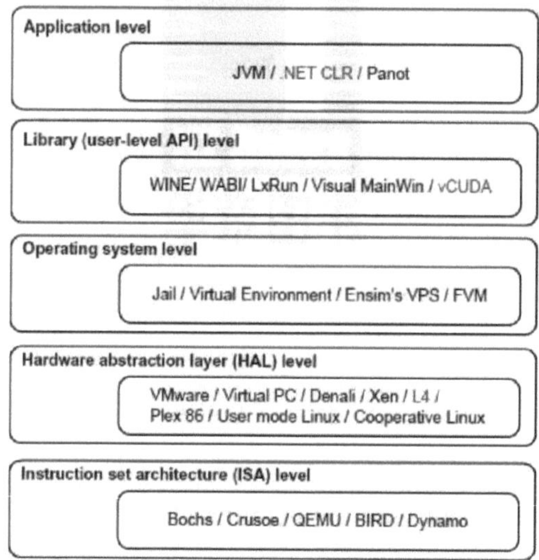

Niveau de l'architecture des jeux d'instructions : la virtualisation est réalisée en émulant une ISA spécifique à travers l'ISA de l'hôte.

Par exemple, le code binaire MIPS peut s'exécuter sur une machine hôte basée sur le x-86 en utilisant l'émulation ISA. Systèmes typiques : Bochs, Crusoé, Quemu, BIRD, Dynamo

Avantage :

- Il peut exécuter un grand nombre d'anciens binaires écrits pour différents processeurs sur n'importe quelle nouvelle machine hôte matérielle.
- Meilleure flexibilité d'application

Restriction :

- Une commande source peut nécessiter des dizaines ou des centaines de commandes cibles natives pour exécuter sa fonction, ce qui est relativement lent.

- V-ISA nécessite l'ajout d'une couche de traduction logicielle spécifique au processeur dans le compilateur.

La virtualisation au niveau de l'abstraction matérielle : La virtualisationi

s

effectuées directement sur le matériel.

- Il crée des environnements matériels virtuels pour les VM et gère le matériel sous-jacent par le biais de la virtualisation.

- Systèmes typiques : VMware, Virtual PC, Denali, Xen

Avantage :
- Offre de meilleures performances et une bonne isolation des applications

Restriction :

- Très coûteux à mettre en œuvre (complexité)

Virtualisation au niveau du système d'exploitation (OS) : il s'agit d'une couche d'abstraction entre les systèmes d'exploitation traditionnels et les systèmes d'information.
Système d'exploitation et applications utilisateur.

- Cette virtualisation crée des conteneurs isolés sur un seul serveur physique et l'instance du système d'exploitation pour utiliser le matériel et les logiciels dans les centres de données.
- Systèmes typiques : Prison / Environnement virtuel / VPS d'Ensim / FVM

Avantage :
- Coûts de démarrage et d'arrêt minimaux, faibles besoins en ressources et grande évolutivité ; synchronisation des changements d'état des VM et des hôtes.

Restriction :
- Toutes les VMs au niveau du système d'exploitation doivent avoir le même type de système d'exploitation invité
- Souplesse d'application et isolation insuffisantes.

Niveau de support de la bibliothèque : dés environnements d'exécution sont créés pour exécuter des programmes étrangers sur une plate-forme au lieu de créer une VM qui exécute l'ensemble du système d'exploitation.

- Cela se fait en interceptant les appels API et en remappant.
- Systèmes typiques : Wine, WAB, LxRun , VisualMainWin

Avantage :

- L'effort de mise en œuvre est très faible

Restriction :

- Faible flexibilité et isolement de l'application

Au niveau de l'utilisateur et de l'application : il virtualise une application en tant que machine virtuelle.

- Cette couche se présente comme un programme d'application sur un système d'exploitation et exporte une abstraction d'une VM qui peut exécuter des programmes écrits et compilés pour une définition spécifique de la machine abstraite.
- Systèmes typiques : JVM , NET CLI , Panot

Avantage :

- Offre la meilleure isolation des applications

Restriction :

- Faibles performances, faible flexibilité des applications et complexité de mise en œuvre élevée.

Table 3.1 Relative Merits of Virtualization at Various Levels (More "X"'s Means Higher Merit, with a Maximum of 5 X's)

Level of Implementation	Higher Performance	Application Flexibility	Implementation Complexity	Application Isolation
ISA	X	XXXXX	XXX	XXX
Hardware-level virtualization	XXXXX	XXX	XXXXX	XXXX
OS-level virtualization	XXXXX	XX	XXX	XX
Runtime library support	XXX	XX	XX	XX
User application level	XX	XX	XXXXX	XXXXX

Virtualisation au niveau du système d'exploitation

La virtualisation du système d'exploitation ajoute une couche de virtualisation à un système d'exploitation pour partitionner les ressources physiques d'une machine. Il permet d'isoler plusieurs VM au sein d'un même noyau de système d'exploitation. Ce type de VM est souvent appelé environnement d'exécution virtuel (VE), système privé virtuel (VPS) ou simplement conteneur. Du point de vue de l'utilisateur, les VE ressemblent à de vrais serveurs. Cela signifie qu'un VE possède son propre ensemble de processus, son propre système de fichiers, ses propres comptes d'utilisateur, ses propres interfaces réseau avec des adresses IP, des tables de routage, des règles de pare-feu et d'autres paramètres personnels. Bien que les VE puissent être personnalisées pour différentes personnes, elles utilisent le même noyau de système d'exploitation. C'est pourquoi la virtualisation au niveau du système d'exploitation est également appelée virtualisation d'image de système d'exploitation unique.

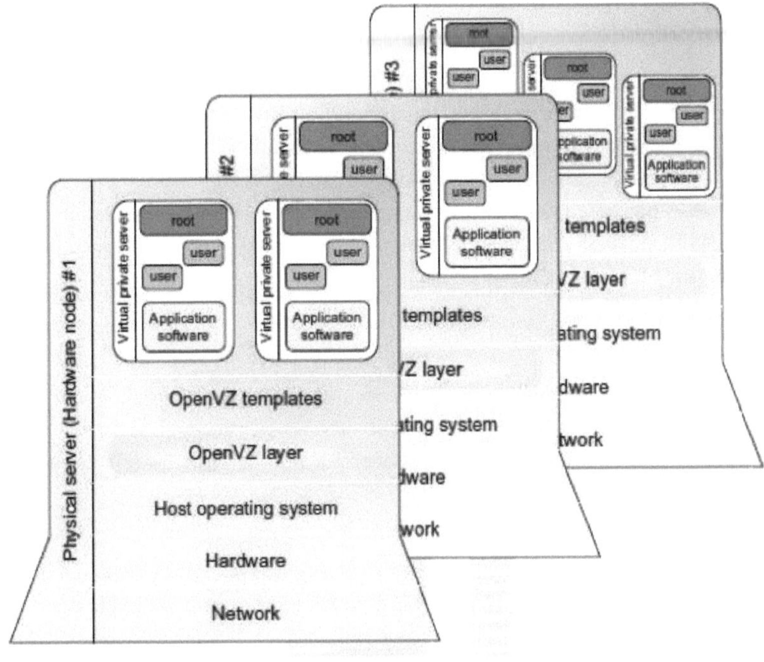

La virtualisation des systèmes d'exploitation du point de vue d'une pile de machines

41

Avantages de l'extension du système d'exploitation pour la virtualisation

1.   Les VM au niveau du système d'exploitation ont des coûts de démarrage et d'arrêt minimes.
2.   La VM au niveau de l'OS peut facilement se synchroniser avec son environnement

Inconvénient de l'extension du système d'exploitation pour la virtualisation

Toutes les machines virtuelles dans le même conteneur d'OS doivent avoir le même système d'exploitation invité ou un système similaire, ce qui est l'objectif de l'OS.

Flexibilité d'application de différentes VM sur la même machine physique.

Hyperviseur et architecture Xen

L'hyperviseur prend en charge la virtualisation au niveau du matériel (voir la figure 3.1(b)) sur les dispositifs de type "bare-metal" tels que le processeur, la mémoire, le disque et les interfaces réseau. Le logiciel de l'hyperviseur réside directement entre le matériel physique et le système d'exploitation. Cette couche de virtualisation est appelée soit un VMM, soit un hyperviseur. L'hyperviseur fournit des hypercalls pour les systèmes d'exploitation et les applications invités.

En fonction de la fonctionnalité, un hyperviseur peut adopter une architecture de micro-noyau comme Microsoft Hyper-V. Elle peut aussi utiliser une architecture d'hyperviseur monolithique comme VMware ESX pour la virtualisation des serveurs.

L'architecture Xen

Xen est un programme d'hyperviseur open source développé par l'Université de Cambridge. Xen est un hyperviseur à micro-noyau qui sépare la politique des mécanismes. L'hyperviseur Xen met en œuvre tous les mécanismes et laisse le domaine 0 s'occuper de la politique. Xen n'inclut pas intrinsèquement les pilotes de périphériques. Il fournit simplement un mécanisme par lequel un système d'exploitation invité peut
un accès direct aux dispositifs physiques.

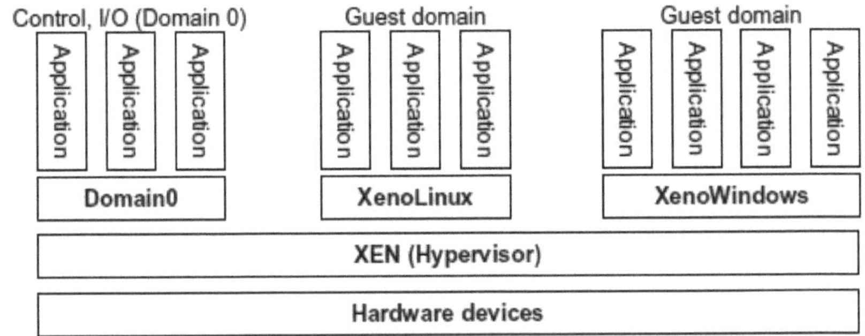

Dispositifs matériels

Le domaine spécial 0 de l'architecture Xen pour le contrôle et les E/S ainsi que plusieurs domaines invités pour les applications utilisateur

Les principaux composants d'un système Xen sont l'hyperviseur, le noyau et les applications. Le système d'exploitation invité qui a le contrôle est appelé domaine 0, les autres domaines sont appelés domaine U. Le domaine 0 est un système d'exploitation invité privilégié de Xen. Il est chargé en premier lorsque Xen démarre, sans qu'aucun pilote de système de fichiers ne soit disponible. Le domaine 0 est conçu pour accéder directement au matériel et gérer les appareils. Par conséquent, l'une des tâches du domaine 0 est d'allouer et de répartir les ressources matérielles pour les domaines invités (domaine U).

Traduction binaire avec virtualisation complète

Selon la technologie de mise en œuvre, la virtualisation du matériel peut être divisée en deux catégories : la virtualisation complète et la virtualisation basée sur l'hôte.

La virtualisation complète ne nécessite pas de modifier le système d'exploitation hôte. Il s'appuie sur la traduction binaire pour intercepter et virtualiser l'exécution de certaines commandes sensibles qui ne peuvent être virtualisées. Le système d'exploitation invité et ses applications sont constitués d'instructions non critiques et critiques. Dans un système basé sur l'hôte, on utilise à la fois un système d'exploitation hôte et un système d'exploitation invité. Une couche logicielle de virtualisation est construite entre le système d'exploitation hôte et le système d'exploitation invité.

Virtualisation complète

Dans la virtualisation complète, les commandes non critiques sont exécutées directement sur le matériel, tandis que les commandes critiques sont détectées et remplacées par des pièges dans le VMM pour être émulées par le logiciel. Les deux approches, hyperviseur et VMM, sont considérées comme de la virtualisation complète. Pourquoi seules les instructions critiques sont-elles incluses dans le VMM ? En effet, la traduction binaire peut entraîner un surcoût important en termes de performances. Les commandes non critiques ne contrôlent pas le matériel et ne menacent pas la sécurité du système, mais les commandes critiques le font. Par conséquent, l'exécution de commandes non critiques sur le matériel peut non seulement accroître l'efficacité mais aussi garantir la sécurité du système.

Traduction binaire des demandes du système d'exploitation invité à l'aide d'un VMM

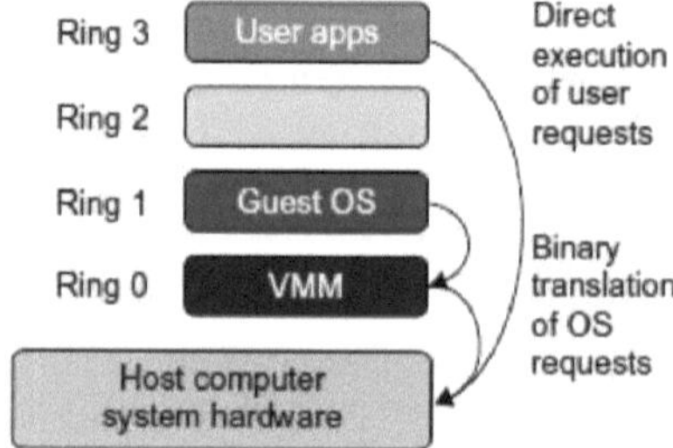

Cette approche a été mise en œuvre par VMware et de nombreuses autres sociétés de logiciels. VMware place le VMM sur l'anneau 0 et le système d'exploitation invité sur l'anneau 1. Le VMM analyse le flux de commandes et identifie les commandes privilégiées, de contrôle et comportementales. Une fois ces commandes identifiées, elles sont incluses dans le VMM, qui émule le comportement de ces commandes. La méthode utilisée pour cette émulation est appelée traduction binaire. Par conséquent, la virtualisation complète combine la traduction binaire et l'exécution directe. Le système d'exploitation invité est complètement découplé du matériel sous-jacent. Par conséquent, le système d'exploitation invité ne sait pas qu'il est en train d'être virtualisé.

Virtualisation basée sur l'hôte

Une autre architecture de VM consiste à installer une couche de virtualisation au-dessus du système d'exploitation hôte. Ce système d'exploitation hôte est toujours responsable de la gestion du matériel. Les systèmes d'exploitation invités sont installés et fonctionnent sur la couche de virtualisation. Des applications dédiées peuvent être exécutées sur les VMs. Bien entendu, certaines autres applications peuvent également être exécutées directement avec le système d'exploitation hôte.

Cette architecture basée sur l'hôte présente certains avantages distincts. Tout d'abord, l'utilisateur peut installer cette architecture VM sans modifier le système d'exploitation hôte. Le site

Le logiciel de virtualisation peut s'appuyer sur le système d'exploitation hôte pour fournir des pilotes de périphériques et d'autres services de bas niveau. Cela simplifie la conception de la VM et facilite son déploiement. Deuxièmement, l'approche basée sur l'hôte est adaptée à de nombreuses configurations de machines hôtes.

Par rapport à l'architecture hyperviseur/VMM, les performances de l'architecture basée sur l'hôte peuvent également être faibles. Si une application demande un accès matériel, quatre couches d'allocation sont nécessaires, ce qui affecte considérablement les performances. Si l'ISA d'un système d'exploitation invité est différent de l'ISA du matériel sous-jacent, une traduction binaire doit être effectuée. Bien que l'architecture basée sur l'hôte soit flexible, les performances sont trop faibles pour être utiles en pratique.

Para-virtualisation avec support du compilateur

Avec la paravirtualisation, les systèmes d'exploitation invités doivent être modifiés. Une VM paravirtualisée fournit des API spéciales qui nécessitent des modifications importantes du système d'exploitation des applications de l'utilisateur. La paravirtualisation tente de réduire la surcharge de la virtualisation et donc d'améliorer les performances en ne modifiant que le noyau du système d'exploitation invité.
Les systèmes d'exploitation invités sont para-virtualisés. Ils sont pris en charge par un compilateur intelligent qui remplace les commandes du système d'exploitation non virtualisables par des hypercalls. Plus le numéro de l'anneau est bas, plus les privilèges des commandes à exécuter sont élevés. Le système d'exploitation est responsable de la gestion du matériel et des instructions privilégiées qui sont exécutées dans l'anneau 0, tandis que les applications de niveau utilisateur sont exécutées dans l'anneau 3.
Le meilleur exemple de paravirtualisation est **KVM**

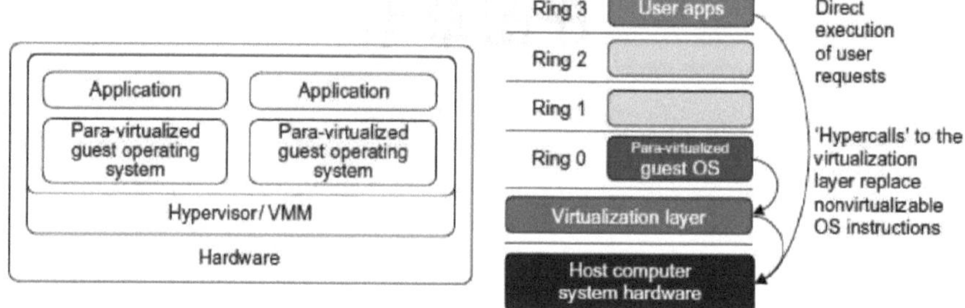

Architecture VM paravirtualisée

VIRTUALISATION DU PROCESSEUR, DE LA MÉMOIRE ET DES PÉRIPHÉRIQUES D'ENTRÉE/SORTIE

Pour prendre en charge la virtualisation, les processeurs tels que le processeur x86 utilisent un mode de fonctionnement et des instructions spéciales appelés virtualisation assistée par le matériel. De cette façon, la VMM et le système d'exploitation invité fonctionnent dans des modes différents, et toutes les instructions sensibles du système d'exploitation invité et de ses applications sont piégées dans la VMM. Pour économiser le processeur, le changement de mode est effectué par le matériel.

Les systèmes d'exploitation et les processeurs modernes permettent l'exécution simultanée de plusieurs processus. S'il n'y a pas de mécanisme de protection dans un processeur, toutes les instructions des différents processus accèdent directement au matériel et provoquent une panne du système. Par conséquent, tous les processeurs ont au moins deux modes, le mode utilisateur et le mode superviseur, afin de garantir un accès contrôlé au matériel critique. Les commandes qui s'exécutent en mode superviseur sont appelées commandes privilégiées. Les autres commandes sont des commandes non privilégiées. Dans un environnement virtualisé, il est plus difficile d'exécuter correctement les systèmes d'exploitation et les applications car il y a plus de couches dans la pile de la machine. Le VMware
Workstation est une suite logicielle VM pour les ordinateurs x86 et x86-64. Ce site
les utilisateurs peuvent configurer plusieurs systèmes virtuels x86 et x86-64.
et d'   utiliser une ou plusieurs de ces machines virtuelles simultanément
avec l'ordinateur de l'entreprise.
système d'exploitation hôte. La station de travail VMware prend le relais de l'   hôte.
La virtualisation. Xen est un hyperviseur destiné aux hôtes IA-32, x86-64, Itanium et PowerPC 970.

Virtualisation des CPU

Une VM est une copie d'un système informatique existant où la plupart des instructions de la VM sont exécutées sur le processeur hôte en mode natif. Les instructions non privilégiées des VM sont ainsi exécutées directement sur l'ordinateur hôte, ce qui augmente l'efficacité. D'autres instructions critiques doivent être traitées avec soin pour en assurer l'exactitude et la stabilité. Les commandes critiques sont divisées en trois catégories : les commandes privilégiées, les commandes sensibles au contrôle et les commandes sensibles au comportement. Les commandes privilégiées sont exécutées dans un mode privilégié et sont bloquées si elles sont exécutées en dehors de ce mode. Les commandes sensibles au contrôle tentent de modifier la configuration des ressources utilisées. Les instructions sensibles au comportement se comportent différemment selon la configuration des ressources, notamment les opérations de chargement et de stockage dans la mémoire virtuelle. L'architecture d'un CPU est virtualisable si elle permet d'exécuter les instructions privilégiées et non privilégiées de la VM en mode utilisateur du CPU pendant que le VMM fonctionne en mode superviseur.

Virtualisation du stockage

La virtualisation de la mémoire virtuelle est similaire à la prise en charge de la mémoire virtuelle par les systèmes d'exploitation modernes. Dans un environnement d'exécution traditionnel, le système d'exploitation gère les mappages entre la mémoire virtuelle et la mémoire machine à l'aide de tables de pages, qui sont des mappages à un seul niveau entre la mémoire virtuelle et la mémoire machine. Tous les processeurs x86 modernes disposent d'une unité de gestion de la mémoire (MMU) et d'un tampon de traduction (TLB) pour optimiser les performances de la mémoire virtuelle. Cependant, dans un environnement d'exécution virtuel, la virtualisation de la mémoire virtuelle implique le partage de la mémoire du système physique en RAM et son allocation dynamique à la mémoire physique des VM. Le système d'exploitation invité et le VMM doivent maintenir un processus d'allocation en deux étapes : de la mémoire virtuelle à la mémoire physique et de la mémoire physique à la mémoire de la machine. Le système d'exploitation invité contrôle toujours le mappage des adresses virtuelles aux adresses de la mémoire physique des machines virtuelles. Cependant, le système d'exploitation invité ne peut pas accéder directement au stockage réel de la machine.
Le VMM est responsable de la mise en correspondance de la mémoire physique de l'invité avec la mémoire réelle de la machine.

Virtualisation des E/S

La virtualisation des E/S implique la gestion de l'acheminement des demandes d'E/S entre les dispositifs virtuels et les systèmes d'exploitation.

Toutes les fonctions d'un dispositif ou d'une infrastructure de bus, telles que l'énumération et l'identification des dispositifs, les interruptions et le DMA, sont reproduites dans le logiciel. Ce logiciel réside dans la VMM et se comporte comme un dispositif virtuel. Les demandes d'accès aux E/S du système d'exploitation invité sont interceptées par la VMM, qui interagit avec les périphériques d'E/S. Un seul dispositif matériel peut être partagé par plusieurs machines virtuelles fonctionnant simultanément.

LE REGROUPEMENT VIRTUEL GESTION DES RESSOURCES

Un cluster physique est une collection de serveurs (machines physiques) qui sont connectés les uns aux autres via un réseau physique tel qu'un LAN.
Les clusters virtuels sont formés à partir de VM installées sur des serveurs distribués d'un ou plusieurs clusters physiques.
Les VM d'un cluster virtuel sont logiquement connectées entre elles par un réseau virtuel via plusieurs réseaux physiques.

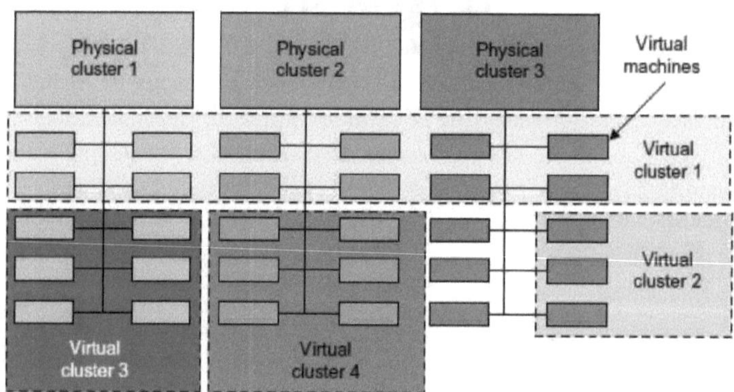

Une plateforme en nuage avec quatre clusters virtuels sur trois clusters physiques

Cœurs de processeurs physiques et virtuels

Cœurs physiques	Cœurs virtuels
Les cœurs physiques réellement présents dans le processeur	Il peut y avoir plus de cœurs virtuels visibles pour un seul système d'exploitation qu'il n'y a de cœurs physiques.
Plus d'efforts pour le logiciel afin d'écrire des applications qui peuvent s'exécuter directement sur les cœurs.	La conception de logiciels devient plus facile car le matériel soutient le logiciel dans l'utilisation dynamique des ressources.
Le matériel ne fournit pas de support pour le logiciel et est donc plus simple.	Le matériel supporte le logiciel et est donc plus complexe.
Mauvaise gestion des ressources	Une meilleure gestion des ressources
Le niveau le plus bas du logiciel du système doit être modifié.	Le niveau le plus bas du logiciel du système n'a pas besoin d'être modifié.

LA VIRTUALISATION POUR L'AUTOMATISATION DES CENTRES DE DONNÉES

L'automatisation des centres de données signifie que d'énormes quantités de ressources matérielles, logicielles et de bases de données dans ces centres peuvent être allouées de manière dynamique à des millions d'internautes simultanément, avec une qualité de service et une rentabilité garanties. Ce processus d'automatisation est déclenché par la croissance des produits de virtualisation et des services de cloud computing. La virtualisation accroît la mobilité, réduit les temps d'arrêt planifiés (pour la maintenance) et augmente le nombre de clients virtuels.

Le dernier développement de la virtualisation montre la haute disponibilité (HA), les services de sauvegarde, l'équilibrage de la charge de travail et une nouvelle augmentation de la clientèle.

Consolidation des serveurs dans les centres de données

Dans les centres de données, un grand nombre de charges de travail hétérogènes peuvent être exécutées sur des serveurs à différents moments. Ces charges de travail hétérogènes peuvent être grossièrement divisées en deux catégories : les charges de travail bavardes et les charges de travail non interactives. Les charges de travail bavardes peuvent éclater à un moment donné et revenir à un état calme à un autre moment. Un exemple de cela est un service de vidéo sur Internet qui est utilisé par beaucoup de personnes la nuit et peu de personnes le jour. Les charges de travail non interactives ne nécessitent pas que les personnes fassent des efforts pour progresser après avoir été soumises. Le calcul haute performance en est un bon exemple. À différents stades, les besoins en ressources de ces charges de travail diffèrent radicalement. Cependant, pour s'assurer qu'une charge de travail est toujours capable de gérer tous les niveaux de demande, des ressources suffisantes sont allouées de manière statique à la charge de travail afin de répondre à la demande de pointe.

En conséquence, la plupart des serveurs des centres de données sont sous-utilisés. Une grande partie des coûts de matériel, d'espace, d'énergie et de gestion de ces serveurs est gaspillée. La consolidation des serveurs est une approche visant à améliorer la faible utilisation des ressources matérielles en réduisant le nombre de serveurs physiques. Parmi les différentes techniques de consolidation des serveurs, telles que la consolidation centralisée et physique, la consolidation des serveurs basée sur la virtualisation est la plus puissante. Les centres de données doivent optimiser la gestion de leurs ressources car l'utilisation de VMs augmente la complexité de la gestion des ressources. Cela représente un défi lorsqu'il s'agit d'améliorer l'utilisation des ressources et de garantir la qualité de service dans les centres de données.

Avantages

- La consolidation améliore l'utilisation du matériel. De nombreux serveurs sous-utilisés sont regroupés sur moins de serveurs afin d'améliorer l'utilisation des ressources. La consolidation facilite également les services de sauvegarde et la reprise après sinistre.

- Cette approche permet une mise à disposition et une utilisation plus flexibles des ressources. Dans un environnement virtuel
        les images des systèmes d'exploitation invités et de leurs applications peuvent être facilement clonées et mises à jour.
        réutilisé.

- Le coût total de possession est réduit. En ce sens, la virtualisation des serveurs entraîne un report
        Acquisition de nouveaux serveurs, réduction de l'espace nécessaire dans le centre de données, diminution des coûts de maintenance, et
        des exigences moindres en matière d'alimentation, de refroidissement et de câblage.

- Cette approche améliore la disponibilité et la continuité des activités. Le crash d'un système d'exploitation invité n'affecte pas le système d'exploitation hôte ou tout autre système d'exploitation invité. Il est plus facile de transférer une VM d'un serveur à un autre car les serveurs virtuels ne connaissent pas le matériel sous-jacent.

Pour automatiser les opérations d'un centre de données, il faut envisager la planification des ressources, le soutien à l'architecture, la gestion de l'énergie, les mesures automatisées ou autonomiques et les modèles performationnels.

RÉFÉRENCES

1. Cloud Computing : A Practical Approach, Anthony T.Velte, Toby J.Velte, Robert Elsenpete r, Tata McGraw Hill, rp2011.
2. Enterprise Cloud Computing, Gautam Shroff, Cambridge University Press, 2 010.
3. Cloud Computing : Principles and Paradigms par Rajkuma r Buyya, Wiley, 2 011.
4. Distributed and Cloud Computing, Kai Hwang, Geoffrey C. Fox,Jack J.Donnagar r a,Elsevier,2012.
5. "Cloud Computing : SaaS, PaaS, laaS, virtualisation, modèles commerciaux, mobile, sécurité et plus encore" par Kris Jamsa.
6. "Cloud Security : A Comprehensive Guide to Secure Cloud Computing" par Ronald L Krutz et Russell Dean Vines
7. "Cloud Computing" par Nayan B Ruparelia.
8. "Cloud Computing : Concepts, Technology and Architecture" par Thomas Erl et Ricardo Puttini.
9. "Cyber Law - Indian And International Perspectives On Key Topics Including Data Security, E-Commerce, Cloud Computing And Cyber Crimes" par Aparna Viswanathan.
10. "Future Crimes : The Inside of the Digital Underground and the Battle for Our Connected World" par Marc Goodma

TABLE DES MATIÈRES

Printed by Books on Demand GmbH, Norderstedt / Germany